QUATRO PEÇAS CURTAS

BERNARD
SHAW

Musa Teatro
volume 2

Da coleção Musa Teatro:
Mistério-Bufo: um retrato épico e satírico da nossa época
Vladimir Maiakóvski
Tradução de Dmitri Beliaev

Livro impresso de acordo com o Novo Acordo
Ortográfico da Língua Portuguesa.

Dados Internacionais de Catalogação na Publicação (CIP)
[Câmara Brasileira do Livro, SP, Brasil]

Shaw, Bernard, 1856-1950.
 Quatro peças curtas / Bernard Shaw; tradução Domingos Nunez; introdução Rosalie Rahal Haddad. – São Paulo: Musa Editora; Irlanda: Cia Ludens, 2009. – (Musa teatro ; v. 2)

 Título original: How he lied to her husband, The dark lady of the sonnets, O'Flaherty V.C., The glimpse of reality.

 ISBN 978-85-7871-003-3

 1. Teatro inglês I. Haddad, Rosalie Rahal. II. Título. III. Série.

09-11882	CDD-822.33

Índices para catálogo sistemático
1. Teatro : Literatura inglesa 822.33

QUATRO PEÇAS CURTAS

BernarD
sHaw

TRADUÇÃO
DOMINGOS NUNEZ

INTRODUÇÃO
ROSALIE RAHAL HADDAD

SÃO PAULO   2009

CAPA E PROJETO GRÁFICO
Marina Mattos e Raquel Matsushita

DIAGRAMAÇÃO
Camila Araújo | ENTRELINHA DESIGN

TRADUÇÃO
Domingos Nunez

REVISÃO
Afonso Teixeira Filho

How He Lied to her Husband: Copyright 1907, 1913, 1930, 1941,
George Bernard Shaw. Copyright 1957, The Public Trustee
as Executor of the Estate of George Bernard Shaw.

The Dark Lady of the Sonnets: Copyright 1910, 1914, 1930, 1948,
George Bernard Shaw. Copyright 1957, The Public Trustee
as Executor of the Estate of George Bernard Shaw.

O'Flaherty V.C.: Copyright 1919, 1930, 1948, George Bernard Shaw.
Copyright 1957, The Public Trustee as Executor
of the Estate of George Bernard Shaw.

The Glimpse of Reality: Copyright 1924, George Bernard Shaw.
Copyright 1957, The Public Trustee as Executor
of the Estate of George Bernard Shaw.

Todos os direitos reservados.
Impresso no Brasil, 1ª edição, 2009.

MUSA EDITORA
Rua Bartira 62 cj. 21 São Paulo SP 05009.000
Tel/fax (5511) 3862.6435 | 3862.2586
musaeditora@uol.com.br
www.musaambulante.com.br
www.musaeditora.com.br

Sumário

Nota do tradutor 9

Quem é Bernard Shaw 17

Como ele mentiu para o marido dela 38

A dama negra dos sonetos 66

O recruta Dennis (O'Flaherty V. C.) 94

Um quê de realidade 136

Nota do tradutor

O histórico das razões e das escolhas que culminaram na seleção dos quatro textos que compõem este volume está intrinsecamente relacionado com as atividades da Cia Ludens, uma proposta de agrupamento teatral do qual sou o diretor artístico. Fundada em 2003, a companhia nasceu a partir de um grupo de estudos dentro da Universidade de São Paulo, com o propósito único de investigar, traduzir e montar peças de autores irlandeses contemporâneos. Desde o princípio, houve sempre uma preocupação não apenas em mapear as tendências do teatro irlandês atual, mas também em estabelecer pontos de contato entre o exercício dramático daquele país e do nosso, tanto do ponto de vista formal quanto temático. Quatro peças foram produzidas até o momento e os processos mais ou menos longos entre o início dos trabalhos até suas estreias foram sempre pautados por estudos aprofundados de questões ligadas à dramaturgia e à história irlandesas e suas relações com o contexto sociopolítico do Brasil contemporâneo. A extensão e riqueza do material pesquisado para as montagens acabaram por estabelecer, se não uma tradição, pelo menos uma característica marcante da companhia, qual seja, a realização de Ciclos de Leituras organizados como uma forma de tornar pública uma parte do processo de trabalho da companhia.

O primeiro desses Ciclos, ocorrido em 2004 no Auditório da Cultura Inglesa de Higienópolis, em São Paulo, acompanhava a primeira produção da companhia, *Dançando em Lúnassa* (1990), de Brian Friel. O programa tencionava sinalizar a pesquisa que fora efetuada na direção de um entendimento da formação do Teatro Literário Irlandês no começo do século XX, com Yeats, Lady Gregory e seu grupo, e a reverberação desse Teatro na obra de Friel. Para essa finalidade, foram selecionados textos teatrais de dramaturgos irlandeses já disponíveis em língua portuguesa, mesmo que alguns deles estejam há muito tempo fora do mercado editorial. Para o segundo ciclo, resultado do processo de montagem da peça *Pedras nos bolsos* (2000), de Marie Jones, realizado em 2006 na Unidade Provisória do Sesc Avenida Paulista, em São Paulo, conquanto tenham sido realizados estudos complementares sobre tragédia grega e o realismo do século XIX, o intuito era tornar pública a pesquisa feita sobre o teatro irlandês produzido na primeira década deste século. Por causa disso, o programa consistia de traduções de cinco peças inéditas de autores em atividade no cenário teatral da Irlanda contemporânea.

A pesquisa complementar para o processo de montagem da peça de Marie Jones, no entanto, levou a companhia a voltar-se para a questão dos irlandeses que fizeram fama fora de sua terra natal e para as possíveis conexões de dramaturgos e obras mais antigos com o que acabou por se denominar "contemporâneo". Com o auxílio de uma das maiores pesquisadoras do autor no Brasil, a Dra. Rosalie Rahal Haddad, a companhia se interessou pela obra de George Bernard Shaw e acabou por produzir uma de suas peças mais obscuras, *Idiota no País dos Absurdos*, originalmente *The Simpleton of the Unexpected Isles*, escrita em 1935. Assim, os quatro textos curtos que compõem este volume, e que foram apresentados no Terceiro Ciclo de Leituras da Cia Ludens, neste ano de 2009, no Teatro da Cultura Inglesa, em São Paulo, são apenas uma ilustração breve do resultado da pesquisa extensa que a companhia realizou com o intuito de produzir a peça de Shaw. O critério que permeia a escolha dessas peças se baseia na tentativa de mapear alguns dos temas mais recorrentes da obra do dramaturgo, como as relações conjugais a partir de uma perspectiva moral, a religião, a guerra, o didatismo por trás do que ficou conhecido como "teatro de ideias", a supressão do enredo, Shakespeare, a relação de Shaw com a Irlanda, por um período que se estende do começo do século passado até a publicação do *Simpleton*. E, mais do que apenas uma ilustração temática, esse conjunto de peças curtas também visa contribuir para divulgar um formato experimentado pelo autor, ainda inédito em língua portuguesa e raramente associado ao nome dele, pelo menos no Brasil.

Diferentemente de outras peças que transpus para o português, procurei não efetuar adaptações radicais nesta série de textos curtos porque queria vê-los publicados. Não que textos adaptados não sejam suscetíveis de publicação; mas nesse caso o texto teria, na melhor das hipóteses, dupla autoria e seria o caso de se perguntar se a palavra "tradução", em qualquer acepção que contemporaneamente se dê ao termo, caberia em um contexto como este. Não obstante, ainda que tenha procurado me manter muito próximo dos originais, nunca perdi de vista a intenção primeira de tornar as peças viáveis, do ponto de vista linguístico, para possíveis montagens nos palcos brasileiros. Essa foi sempre a preocupação que tive com todos os textos que adaptei e/ou traduzi para que fossem produzidos ou lidos em ciclos de leituras pela Cia Ludens. Por essa razão, abstive-me de inserir qualquer tipo de nota e procurei dar fluência e musicalidade aos textos de Shaw em português, sem que para isso suprimisse ou modificasse circunstancialmente elementos presentes nos originais. Naturalmente, como não poderia deixar de ser, considerando-se a enorme diferença que existe entre as línguas inglesa e portuguesa e as exigências práticas do fazer teatral, muitas vezes acrescentei palavras, modifiquei as estruturas e mesmo os tempos verbais, com a intenção expressa de tornar determinadas passagens mais compreensíveis em português e o texto orgânico a ponto de atrair, eu espero, o interesse de atores, atrizes e diretores em seus processos de pesquisa e aprendizagem. Não há dúvida de que muitas das opções tomadas são pautadas por preferências pessoais e calcadas na busca por um estilo particular. Mas isso absolutamente não interfere no modo de expressão bem definido do autor e na sua visão de mundo. Ao contrário, a ideia é que estes textos em português possam proporcionar momentos agradáveis para os leitores que queiram conhecer ou se aprofundar no universo de Shaw; e representar uma alternativa para artistas que considerem o autor e sua obra como um estímulo para futuros projetos profissionais. Espero que meus objetivos possam ser atingidos.

DOMINGOS NUNEZ
Mestre em dramaturgia portuguesa pela
USP e doutor em dramaturgia pela USP e
National University of Ireland
Diretor artístico da Cia Ludens

Cena da peça *Idiota no País dos Absurdos*, de Bernard Shaw. Direção Domingos Nunez. Na foto, da esquerda para a direita, Julio Cesar Pompeo, Fausto Franco, Priscila Jorge, Sylvia Jatobá, Márcia Nunes, Eliseu Paranhos, Hélio Cícero e Chico Cardoso.

FOTO: RODRIGO HYPOLITHO

Quem é Bernard Shaw

Bernard Shaw não é de fácil interpretação. Mesmo para um estudante de literatura, ator e diretor. Sua obra é muito vasta e apela sempre para o não-convencionalismo e para a evolução cultural e social do indivíduo. Shaw nasceu no dia 26 de julho de 1856 em Dublin na Irlanda e morreu na Inglaterra em 1950. Sua mãe, Lucinda Elizabeth Gurly, casou-se com George Carr Shaw, que não foi bem sucedido financeiramente e tornou-se mais tarde um alcoólatra. A salvação da família foi a voz da mãe de Shaw, de notável qualidade, que ela passou a cultivar com lições de canto. A educação formal de Shaw foi curta e complicada. Apesar de ter frequentado várias instituições educacionais, que ele classificava como prisões, sua verdadeira educação foi feita pelo contato informal com a música, literatura, arte e teatro. Em 1876, como muitos jovens irlandeses, Shaw achou que já era hora de deixar Dublin. Viajou para Londres, onde pediu, sem sucesso, emprego a vários amigos e parentes. Começou então a escrever romances, mas nenhum obteve sucesso. Porém os romances serviram de treinamento e disciplina para mais tarde auxiliá-lo na carreira de teatrólogo. Com pouco mais de vinte anos, consciente de sua origem humilde, decidiu educar-se em todos os sentidos: leu exaustivamente livros sobre etiqueta no Museu Britânico, tomou por obrigação aceitar convites sociais e ampliou seus horizontes com leituras constantes. Leu, por exemplo, *Progress and Poverty* de Henry George, e o primeiro volume de *O Capital,* de Marx. Começou a frequentar as reuniões da H. M. Hundman's Social Democratic Federation da recém-fundada Fabian Society, que atraía a "intelligentsia" da classe média culta. Com a ajuda de um amigo conseguiu uma nomeação como crítico de arte no jornal *The World*; além disso, fazia revisão de livros para o *Pall Mall Gazette*. Viajava frequentemente para dar palestras no interior e discursava em diferentes lugares de Londres, todos os domingos do ano: reviu e publicou dois de seus romances e deu conferências na Fabian Society sobre o dramaturgo norueguês Henrik Ibsen (1828-1906) cuja peça mais conhecida é *Et Dukkehjem* (1879) (Casa de bonecas). Shaw nutria grande admiração por Ibsen sobre o qual, mais tarde, publicou o livro *The Quintessence of Ibsenism* (1913). A morte súbita, em 1894, do diretor Edmund Yates, forçou Shaw a se demitir da equipe do *The World*. Menos de um ano depois, Shaw não conseguiu resistir à tentação da oferta de Frank Harris para trabalhar como crítico de teatro para o *Saturday Review*. No final de 1897, Shaw ficou muito doente, por causa de uma infecção no pé. Em poucos meses, abandonou a crítica profissional e uma vida de quarenta e dois anos de solteiro para iniciar a parte mais rica e complexa de sua vida. Tendo abandonado o jornalismo, publicou suas primeiras peças e casou-se com uma milionária irlandesa, Charlotte

Payne-Towshend. Surge nessa época como a figura literária mais controvertida de seu tempo.

ATAQUE AO TEATRO INGLÊS
DA DÉCADA DE 1890

No teatro de Londres, no final dos anos de 1880 e 1890, teatro de múltiplas tradições, o melodrama reinava ao lado de comédias ingênuas com produções de Sudermann e Henry Arthur Jones que não haviam produzido nada de muito importante para a história do teatro, exceção feita a Oscar Wilde, cujas comédias contrastavam com o sentimentalismo das obras de autoria dos teatrólogos do século XIX. As comédias de Shaw atualizavam modelos tradicionais e empregavam o uso subversivo de fórmulas convencionais de teatro. Shaw era anglo-irlandês. Com isso, possuía um distanciamento para criticar ambas as culturas com ênfase na ironia. Seu diálogo acentuava o "artifício" da comédia, transformando-a no espelho de uma sociedade artificial; essa crítica cômica tornou-se o princípio básico do teatro de Wilde, cujas comédias retratam casamentos que se revelam como conveniências puramente sociais, reputações corruptas, a posição social como irrelevante, e a própria moralidade como uma crença hipócrita em uma sociedade superficial. A aparência cômica é um disfarce; o fato de a plateia vitoriana ter falhado em reconhecer que as peças de Wilde e de Shaw zombavam dos valores que ela tanto prezava, demonstrou de forma inconsciente a precisão da crítica desses teatrólogos.

Nesse período, houve a ascensão da burguesia que ditava valores de cunho moral bem tradicionais e condenava a crítica à Igreja e a infidelidade no matrimônio. Tal período coincidiu com o reinado da Rainha Vitória (1837-1901) que também era muito religiosa e conservadora nos seus princípios éticos. As condições que permitem criar uma boa produção dramática em qualquer período são difíceis de avaliar, mas pode-se dizer com toda a certeza que uma delas é a atividade de dramaturgos sérios. Nos dois séculos que transcorreram entre Richard Brinsley Sheridan (1751-1816), cuja peça mais conhecida é *The School for Scandal* (1777), e os dramaturgos Shaw e Wilde, praticamente não existiu nenhum teatrólogo como esses na Inglaterra, e o gosto por peças de qualidade inferior impôs-se com muita força. Os atores desse período infecundo acomodaram-se à mediocridade do teatro cultivando um estilo artificial que era um fim em si mesmo. Na Inglaterra, o teatro do autor tornou-se um teatro dos atores, e a plateia queria ver não as peças, mas as estrelas que nelas atuavam. Portanto, nos anos 1880 e 1890, para profundo desgosto de Shaw, conforme fica claro nos seus escritos como crítico de teatro, o teatro inglês era controlado por um pequeno grupo de profissionais medíocres e conservadores – diretores, atores e escritores, cujo objetivo principal era agradar um auditório relativamente inculto. Esse auditório era fortemente guiado por linhas morais e patrióticas e sustentava ideais inabaláveis, que nenhum dramaturgo ousava questionar. Procurava um teatro que demonstrasse, da forma mais convincente possível, a crença fundamental dos ingleses no poder da vontade de Deus e na superioridade absoluta das formas de ser e agir inglesas. O público ansiava por ver vilões recebendo o merecido castigo e a virtude inocente sendo recompensada após uma série de acontecimentos emocionantes. Uma vez que essa plateia esperava que o teatro lhe desse não uma autêntica representação da experiência, mas formas de escapar do lado desagradável da vida, o teatro vitoriano entrou em cena e uma fantástica terra de faz-de-conta, que só ocasionalmente lembrava o mundo fora do teatro. O teatro, portanto, desenvolveu sua própria realidade especial, suas próprias convenções, moralidade e discurso; em suma, seu próprio mundo imaginário.

Há um consenso sobre como explicar esse estado de coisas. Quando as classes mais baixas tomaram conta do teatro no início do século XIX, as classes mais altas voltaram os seus interesses culturais para a ópera e para o romance, deixando as produções dramáticas para um auditório menos sofisticado. Quando os padrões de teatro do século XVIII foram abolidos como instituição da realeza no início do século seguinte, novos e imensos teatros foram construídos, chegando a acomodar até três mil espectadores. Além disso, o advento da iluminação a gás abriu caminho para um teatro espetacular, e dominou os palcos durante quase todo o século. Os temas abordados nas peças tinham pouco que ver com os problemas sociais que realmente confrontavam a sociedade vitoriana. Eram questões ligadas a relações domésticas e sociais, questões de obrigação e consciência, adultério, ilegitimidade e condição social, apresentadas de forma moralista e convencional. Os dramaturgos ingleses as enfocavam com a sutileza que a moralidade vitoriana exigia, e o fato de que esses temas não pudessem sequer ser discutidos no teatro em um contexto realista causava certa preocupação à imprensa. Entretanto, o caminho estava aberto para o tipo de peça que na Inglaterra passava por teatro social e eventualmente por peças de Ibsen e Shaw. No entanto, havia um esforço para manter a ilusão de uma realidade especial, exclusiva ao teatro, e todos aqueles que estavam profissionalmente ligados a ele colaboraram – escritores, atores, diretores, críticos, a censura e, acima de tudo, o público. Na época da Rainha Vitória, a opinião pública era tida como extremamente sensível e precisava ser preservada de qualquer choque. Entre o mundo ideal do teatro e as "sórdidas" realidades da vida, a censura insistia na revisão ou supressão de tudo o que pudesse vir a causar desconforto a alguém. Além dos vilões tradicionais, que eram invariavelmente punidos no último ato, o mundo do teatro era preservado em um estado de inocência muito mais agradável do que as condições do mundo externo. O fato de as ideias de justiça e moralidade serem completamente irrealistas não perturbava ninguém.

Não foi fácil a transição da concepção idealista do teatro para a ideia de um teatro como reflexo honesto da vida. Era bastante fácil para cenógrafos e carpinteiros executarem a convincente aparência de realismo no palco; não era difícil para atores imitarem o discurso de pessoas reais, mas foi muito mais difícil para escritores romperem com padrões dramatúrgicos que haviam sido sucessos de bilheteria. Até essa época, peças do século XIX na Inglaterra retratavam essencialmente um grupo de personagens convencionais de teatro envoltas em alguma intriga. A companhia teatral tradicional do período consistia de uma *troupe* de atores, cada um dos quais com uma linha própria. As peças eram escritas de acordo com algumas personagens convencionais que serviam para retratar a raça humana. Por meio de vilões e heróis estereotipados e de bondosos velhinhos, todo tipo imaginável de personalidade masculina podia ser representado. De forma similar, representava-se o sexo oposto como mulheres idosas; mas, se jovens, as personagens ou eram ingênuas ou experientes em assuntos mundanos. Essas personagens compunham um elenco e, quando em relação umas com as outras, uma peça. Era um tanto desnecessário, nessas circunstâncias, para um autor, entrar em longas descrições de suas personagens. Era preciso apenas designar os papéis, escrever as falas e indicar as ações. Cada ator sabia bem qual era a sua fala. O escritor que gastava o tempo elaborando uma nova peça traía a própria ignorância acerca da profissão. Atores experientes se preocupavam em estudar as suas falas até certo ponto. Eles dependiam muito do ponto e, quando este falhava, geralmente diziam a primeira coisa que lhes viesse à mente. Peças compostas de acordo com esses costumes eram relativamente independentes das intenções do autor. O ator exigia um mínimo de direção, poucas explicações e poucos ensaios. Os escritores, por sua vez, ficavam livres para se concentrar nos seus enredos, sem precisarem se dedicar muito às personagens ou aos diálogos, de forma que uma peça, uma vez realizada a sequência de cenas, podia ser montada em pouco tempo. Tudo isso deixou pouco espaço para qualquer apresentação pouco comum em termos de originalidade, uma vez que provavelmente qualquer inovação desapareceria sob a interpretação mecânica do ator. Além disso, os atores não mais se davam ao trabalho de projetar suas vozes e falavam como se realmente estivessem na sala de visitas em vez de no teatro. A plateia inglesa na época vitoriana não recebia nada bem o lado desagradável das coisas. As pessoas iam ver peças para terem experiências agradáveis que viriam a confirmar a sua visão otimista da vida. Idealizava-se, portanto, uma combinação de puritanismo e hipocrisia nos palcos vitorianos. Peças francesas, mais arrojadas, estavam frequentemente sujeitas a um refinamento no processo de adaptação ao gosto inglês. As comédias inglesas eram controladas com maior rigor ainda. Tornou-se um princípio das leis não escritas do teatro convencional que nenhum homem casado poderia estar apaixonado por ninguém exceto pela própria esposa, e nenhuma moça solteira poderia ver nenhum charme em um homem casado. Sendo assim, Shaw iniciou uma verdadeira guerra contra o teatro da década de 1890 que só terminou quando deixou de escrever para o *Saturday Review* em maio de 1898. Essa luta só ocorreu porque, além do severo campo moralista dentro do qual o teatro operava, apenas alguns críticos acreditavam que o teatro era realmente importante. Na época de Shaw, nenhum deles acreditava que o teatro era a igreja moderna, e esta não deveria dar às pessoas o que elas queriam, mas o que era bom para elas.

A PEÇA-BEM-FEITA

Na Inglaterra, as peças de construção bem-feita e as peças de sala de visitas eram ligadas historicamente. A linha da peça de sala de visitas descendia de T. W. Robertson e chegou até Arthur Pinero entre os contemporâneos de Shaw. Sua origem data dos dramaturgos franceses Eugène Scribe e Victorien Sardou quando ambos atuaram em meados do século XIX. Shaw constantemente bombardeava a construção bem-feita e as peças de sala de visitas em seus ataques ao teatro convencional, e a sua maior estratégia na luta para converter o teatro do século XIX era mostrar o caráter convencional que reinava no teatro. Em toda sua crítica dos anos de 1890, tem prazer em enumerar, dissecar e ridicularizar certas convenções do palco, especialmente quando aparecem em peças que pretendem ser a vida real. Condena o teatro dominado por peças construídas, sendo que a técnica de construção havia se tornado usual em Paris com Scribe e Sardou. Para Shaw, realismo significava dizer a verdade. Isso queria dizer articular os valores, atitudes e motivos por detrás das ações. Para tornar esses elementos compreensíveis, eles precisavam ser verbalizados. As palavras para Shaw não são subterfúgios do teatro, mas sim o próprio teatro. No teatro convencional contra o qual Shaw se rebelou, predominavam personagens, pensamentos e teorias de comportamento estereotipado. Para Shaw, incidentes são menos interessantes do que os motivos que o criaram e as pessoas neles envolvidas. Não é o assassinato nem o adultério que o fascina e sim assassinos e adúlteros. Era de opinião que a arte nada tem que ver com a moralidade. A profissão do artista não é a mesma de um policial. Portanto, para plateias de mente aberta, o sexo não mais poderia ser ignorado ou tratado convencionalmente, nem distorcido pelo dramaturgo. Shaw não queria que o marido infiel ou a mulher infiel em uma comédia o incomodassem com seus casos de divórcio ou com os artifícios que empregam para evitar o divórcio, mas sim que lhe dissessem como e por que pessoas casadas são infiéis. Não queria ouvir as mentiras que contam um para o outro para esconder a infidelidade, mas as verdades que contam um para o outro quando precisam enfrentar o que fizeram sem desculpas. Shaw defendia a ideia de que o grande artista deveria manter o aspecto policial fora de suas reflexões sobre sexo. É justamente por assumirem a *persona* do policial que os atores de peças pseudossexuais convenciam Shaw de que ou eles nunca haviam tido nenhuma experiência pessoal séria no assunto, ou, então, que nunca haviam pensado que o teatro pudesse se atrever a apresentar o assunto do sexo como é na realidade.

Assim, o teatro de Shaw é antagônico ao teatro convencional, repleto este de situações melodramáticas. Shaw sentia que precisava atacar a peça-bem-feita para preparar o terreno para um teatro mais realista. A ideia compartilhada por críticos ingleses do final do século XIX e início do século XX de que a peça-bem-feita não é só um fator indispensável à dramaturgia, mas é de fato a essência da própria peça, é, segundo Shaw, uma ilusão ou, então, é negada pela obra do bom dramaturgo. Se ele deseja interpretar a vida, precisa atacar a peça-bem-feita e destruí-la, pois exatamente uma das primeiras lições que precisa ensinar ao frequentador de teatro é que as convenções românticas sobre as quais a fórmula se baseia são falsas.

Shaw condena a fórmula da peça-bem-feita. Com muita ironia, critica essa convenção de teatro, considerando-a um obstáculo ao progresso do drama na Inglaterra e dá a receita da fórmula: Tome uma ideia para uma situação de teatro com o propósito de se criar um mal-entendido. Depois de tê-la produzido, coloque o clímax no final do penúltimo ato, que é o ponto em que começa a peça. Depois, comece a dizer quem são as personagens por meio de apresentações feitas por criados, advogados e outras personagens secundárias. As principais devem ser duques, coronéis e milionários. No último ato, é necessário esclarecer o mal-entendido e agradar a plateia da melhor maneira possível. Shaw explica que, de fato, a maioria daqueles que sobreviviam na França e Inglaterra escrevendo peças eram desconhecidos e praticamente analfabetos. Além disso, com exceção de Scribe e Sardou, seus nomes não eram mencionados no cartaz de apresentação da peça porque o auditório não estava interessado em saber quem era o autor. A fórmula da peça-bem-feita, nas palavras de Shaw, não é saudável para a mente dos críticos, pois estavam tão acostumados à fórmula, que no final não conseguiam entender peças que tivessem uma mensagem social mais profunda. Essa foi a razão pela qual críticos ingleses recusaram-se a aceitar dramaturgos do calibre de Ibsen. Dramaturgos conscientes têm coisas mais sérias a fazer do que entreter o auditório. Precisam interpretar a vida.

A reação da classe média a um tipo de teatro mais adulto e maduro encontrou justificativa na forte necessidade de se adotarem formas convencionais de pensamento. Na opinião da burguesia, o essencial não era se uma convenção estava certa ou errada, mas que deveria ser reconhecida e obedecida por todos. O burguês precisava ser orientado por convenções e seguir regras preestabelecidas e, assim, temia e odiava inovações e autores com ideias originais. Shaw compara esse medo burguês com o horror a terremotos, o terror de que a terra desapareça por debaixo dos pés de seres humanos que sempre dependeram dela como elemento inabalável. Isso, na opinião de Shaw, é exatamente como se sente um homem respeitável comum quando algum homem de talento lhe abala a base moral que o sustenta por negar uma convenção. Há pânico e uma rejeição às novas ideias. O reformador é simplesmente proibido de falar de forma não convencional sobre moral e religião, ou de mencionar qualquer assunto que não seja comumente mencionado em público.

Nos palcos da década de 1890, uma proporção considerável de entretenimentos teatrais estimulava os instintos sexuais dos espectadores. Isso era um lugar-comum tão grande, que a peça que não tivesse nenhum apelo sexual era amiúde considerada, mesmo por críticos profissionais conceituados, como não sendo dramática e simplesmente deixava de ser uma peça. Isso fazia com que uma boa parte da sociedade inglesa, que via o sexo como pecado original e, consequentemente, o teatro como a porta para o inferno, tivesse preconceito contra o teatro mostrado na época. Shaw considerava absurdo esse tipo de preconceito, uma vez que o sexo é um instinto necessário e saudável; e a educação sexual uma tarefa muito importante a ser realizada pelo teatro. Não tinha dúvidas de que, se era para tolerar um assunto no palco, este deveria ser tolerado na sua totalidade. Quando se trata de sexo, sempre há a interferência de tabus, sendo que se podia mostrar sedução no palco, mas não se podia sequer mencionar a concepção ilegítima ou o aborto criminoso. Do mesmo modo, podia-se mencionar a prostituição, mas, como mostrava a controvérsia gerada por *Ghosts* de Ibsen, não se podia dizer nada a respeito das doenças que decorrem da prostituição. Mas, na experiência de Shaw, quando um dramaturgo era suficientemente conscencioso para compreender o perigo e queria alertar vítimas em potencial, ele era denunciado como um corruptor de princípios morais.

Em seus ensaios críticos para o *Saturday Review*, no período de 1895 a 1898, Shaw elegeu Arthur Pinero, principal representante do teatro convencional da década de 1890, como alvo da sua crítica. Os enredos de Pinero seguiam a linha da típica peça-bem-feita, que havia sido padronizada na década de 1840 e de 1860 pelos dramaturgos franceses, Scribe e Sardou. Caracterizado por sua subordinação a temas sociais e a um tipo de lógica estrutural classificada, como exposição, desenvolvimento, descoberta, crise e desenlace final, esse tipo de teatro do século XIX havia-se tornado símbolo de como se esperava que o teatro lidasse com questões morais, sempre proporcionando respostas previsíveis. Os elementos mais ofensivos, e que mais irritavam Shaw, eram comédias ou teatros de revista, por serem tão superficiais que não apresentavam nenhuma observação sensata sobre os problemas discutidos. Enquanto os comentários de Shaw se estendem à moralidade sexual e ao crime sexual, Pinero, de modo geral, faz uso da convenção da "mulher decaída". Na peça de Pinero, *The Second Mrs. Tanqueray* (1895), as conversas e os antecedentes pessoais de suas personagens parecem bastante comuns, mas, por baixo desse naturalismo aparente, os protagonistas são o marido traído e a mulher com passado pecaminoso. A exploração das emoções deles constitui o material dramático da peça. E no entanto suas respostas correspondem às expectativas morais de acordo com o padrão de época. O amor do homem é baseado em um ideal de pureza e é, portanto, abalado quando este ideal não se prova verdadeiro. Ao lidar com a revelação de que sua mulher havia vivido como prostituta antes do casamento, preocupa-se principalmente em preservar as aparências. Convencida por ele de que a imoralidade é contagiosa, Paula Tanqueray se envenena por medo de corromper seus filhos inocentes. Na crítica a *The Second Mrs. Tanqueray*, Shaw é implacável no ataque ao convencionalismo de Pinero, afirmando que não há assunto mais vulgar para um dramaturgo do que uma mulher sensual vista do ponto de vista de um homem convencional. Na opinião de Shaw, a peça é cheia de mecanismos ingênuos, tais como os apresentados no primeiro ato, no qual dois atores são totalmente desperdiçados em partes sem importância e espera-se que o herói, durante jantar oferecido em sua casa, levante-se e vá para a sala ao lado para escrever algumas cartas quando algo tem de ser dito pelas costas, sem o conhecimento dele; Shaw fica igualmente surpreso pelo número de portas usadas por Pinero para que suas personagens entrem e saiam do palco; pelo carteiro cuja atividade se torna muito importante para enfatizar as complicações da trama. Acredita que é fundamental substituírem-se os mecanismos mortos e as figuras do teatro convencional por ação vital e personagens verdadeiras. Considera esse tipo de teatro como algo a ser deplorado e não como uma arte a ser admirada.

Shaw escreveu mais de cinquenta peças. Entre elas, algumas peças curtas que ele chamou de peças de ocasião (*pièces d'occasion*) encenadas juntamente com outras mais longas, porém não tão longas, que cumprissem com o intervalo de tempo exigido pelos diretores e produtores. Em *How He Lied to Her Husband* (1904) (Como ele mentiu para o marido dela), Shaw mais uma vez inverte a tradição da peça-bem-feita. Apesar de esta ter sido uma peça curta, ele descarta o romantismo hipócrita das convenções vitorianas que condenam os conflitos matrimoniais e idolatram o moralismo no qual a mulher e o marido têm por obrigação manter um relacionamento ideal sem percalços. Essa peça tanto quanto as outras aqui selecionadas invertem o padrão de comportamento aceito pela sociedade quando Shaw as encenou no início do século XX. É importante mencionar aqui que a censura no teatro inglês que começou no século XVIII só terminou na década de 1960. Assim sendo, *O'Flaherty V. C.* (1915) (O recruta Dennis), que foi a única peça que Shaw escreveu exclusivamente para o Abbey Theatre em Dublin, Irlanda, foi censurada em Londres. Nela, Shaw inverte o conceito de patriotismo quando ressalta que o soldado irlandês, bem como o cidadão irlandês, na época em que a peça foi escrita em 1915, durante a Primeira Guerra Mundial (1914-18), faz qualquer coisa, até se alistar ao lado dos ingleses, odiados pelos irlandeses, a fim de sair da Irlanda que não oferecia nenhum futuro aos seus cidadãos. Nessas quatro peças, Shaw repete suas reflexões feitas em trabalhos anteriores. Na peça *The Glimpse of Reality* (1910) (Um quê de realidade), ele atesta que Deus não dá alma ao Homem se este não a merecer. Sendo assim, o homem deve fazer algo para conquistá-la. Um Homem inútil não merece nem morrer. Assim, como já havia feito em peças anteriores, Shaw propaga a teoria da evolução criativa (*creative evolution*) que doutrina o progresso do indivíduo e da sociedade por meio da mente esclarecida sem tabus e preconceitos baseados em doutrinas convencionais. Finalmente, em *The Dark Lady of the Sonnets* (1910) (A dama negra dos sonetos), Shaw desenterra Shakespeare, com quem mantém uma relação de amor e ódio, ora lhe elogiando a obra, ora dissecando-a cruamente por esta não ser original, baseando-se apenas em fatos históricos relatados sem criatividade. Nessa peça, Shaw constrói um diálogo entre Shakespeare e a Rainha Elizabeth I, por quem tem grande admiração, no qual Shakespeare propõe a ela a criação de um teatro de ideias que possa instruir o público da mesma forma que a Igreja o fazia antes de ser subjugada pela pieguice e hipocrisia de seus chefes que exercem o poder temporal. Este é o alicerce da obra de Shaw: um teatro didático com ideias instrutivas que pudessem orientar o público, gerando assim o progresso da sociedade. Dessa forma, pode-se dizer que Shaw é didático e consistente desde a sua obra de grande projeção como nas peças de menor porte.

Em suma, as ideias principais de Bernard Shaw estão centradas nessas quatro peças curtas. Levou muito tempo para que o público inglês o reconhecesse como o reconstrutor do teatro na Inglaterra. Teria sido muito bom se a sociedade de hoje tivesse se transformado no que ele, Shaw, queria: igualdade de direitos, uma base sólida na educação para o crescimento do cidadão e avanço do intelecto. Infelizmente, apesar de muitas conquistas feitas, até hoje isso ainda não aconteceu. Porém, o teatro inglês deve a Bernard Shaw a mudança radical que este fez como dramaturgo no palco britânico. Suas peças até hoje são encenadas na Broadway, Nova York, e no West End, em Londres, bem como nos teatros menores. E tanto o Abbey Theatre, na Irlanda, como o público inglês o reconheceram como o teatrólogo que tentou mudar radicalmente as ideias retrógradas que prejudicam o avanço da sociedade e a liberdade individual.

ROSALIE RAHAL HADDAD

Vice-presidente da Associação Brasileira de Estudos Irlandeses – ABEI. Mestre e doutora em literatura irlandesa pela USP, autora de *George Bernard Shaw e a renovação do teatro inglês* (Olavobrás/ABEI, 1997) e de *Bernard Shaw's Novels, his Drama of Ideas in Embryo* (WVT, 2004)

QUATRO PEÇAS CURTAS

PERSONAGENS
O amante dela (Henry Apjohn)
O marido dela (Teddy Bompas)
Ela (Aurora Bompas)

TEMPO
Presente

LUGAR
O apartamento dela na Rua Cromwell

COMO ELE MENTIU PARA O MARIDO DELA
(1904)

São oito horas da noite. As cortinas estão fechadas e os abajures acesos na sala de visitas do apartamento dela na rua Cromwell. O amante entra com um buquê de flores e o chapéu na mão. Ele é um belo rapaz de dezoito anos, vestido com elegância. A porta está perto de um dos cantos da sala e, assim que surge, ele fica entre a lareira que está mais próxima da parede à direita dele e um piano de cauda que está do lado oposto, à esquerda. Perto da lareira, há uma pequena mesa decorativa, sobre a qual repousa um espelho de mão, um leque, um par de luvas longas brancas e uma pequena touca branca de lã. Do outro lado da sala, perto do piano, há uma banqueta larga e quadrada, acolchoada e macia. A sala está mobiliada no estilo mais extremo do que se espera encontrar em uma região como South Kensington, ou seja, o mais próximo possível de uma vitrine de loja. A intenção é ostentar a posição social dos moradores e, em hipótese alguma, tornar o espaço confortável para eles.

O jovem elegante movimenta-se como em um sonho, caminhando como se estivesse nas nuvens. Ele coloca as flores sobre a mesa, ao lado do leque; tira a capa e, como não há espaço na mesa, ele a coloca sobre o piano junto com o chapéu. Vai até a lareira; olha para o relógio de bolso e torna a guardá-lo; observa em seguida os objetos sobre a mesa e o rosto dele se ilumina como se as portas do céu tivessem se aberto diante dele. Dirige-se, então, para a mesa e apanha a touca com as duas mãos e enfia o nariz na suavidade da lã e a beija; beija uma luva e depois a outra; beija o leque e dá um longo suspiro de arrepio e êxtase; senta-se na banqueta e tapa os olhos com as mãos para fugir da realidade e sonhar por alguns instantes. Logo em seguida, retira as mãos dos olhos e balança a cabeça com um pequeno sorriso de censura pela atitude tola. Percebe, então, um grão de poeira no sapato e apressa-se a lustrá-lo cuidadosamente com o lenço; depois, levanta-se e apanha o espelho para certificar-se, com grande ansiedade, se a gravata está impecável; e quando ele está novamente verificando as horas em seu relógio, Ela entra visivelmente transtornada. Como está vestida para ir ao teatro, usa muitos diamantes, tem um ar mimado e entediado e parece uma mulher jovem e bonita; mas a verdade nua e crua é que ela, à parte a pretensão e os vestidos, é uma mulher comum de

South Kensington com cerca de 37 anos de idade, irremediavelmente inferior, física e espiritualmente, ao jovem rapaz que, assim que ela surge, recoloca apressadamente o espelho sobre a mesa.

ELE – *(beijando a mão dela)* Finalmente!
ELA – Henry, aconteceu uma coisa horrível.
ELE – O que foi?
ELA – Perdi os seus poemas.
ELE – Eles não eram mesmo dignos de você. Escreverei outros.
ELA – Não, obrigada. Nunca mais escreva poemas para mim. Oh, como pude ser tão louca, tão precipitada e imprudente!
ELE – O Céu seja louvado por sua loucura, imprudência e precipitação!
ELA – *(impaciente)* Oh, tenha juízo, Henry. Será que você não consegue enxergar que isso é uma coisa terrível para mim? Imagine o que vão pensar... E se alguém encontra esses poemas?!
ELE – Pensarão que um homem uma vez amou uma mulher mais devotamente do que qualquer outro homem jamais foi capaz de amar uma mulher antes. Mas não saberão que homem é esse.
ELA – E do que adianta isto, se todos vão saber quem é a mulher?
ELE – Como saberão?
ELA – Como saberão! Meu nome está em todos eles.

Oh, se pelo menos eu tivesse sido batizada com o nome de Mary Jane, ou Gladys Muriel, ou Beatrice, ou Francesca, ou Guinevere ou qualquer outro nome mais comum. Mas Aurora?! Aurora?! Eu sou a única Aurora de Londres e o mundo todo sabe disso. Acho mesmo que sou a única Aurora do mundo. E é um nome horrivelmente fácil para se fazer rimas! Oh, Henry, por que não tentou refrear um pouco seus sentimentos em consideração a mim? Por que não escreveu com um pouco mais de reserva?

ELE – Escrever poemas com reservas?! Para você?! Como ousa me pedir uma coisa dessas!

ELA – *(com uma ternura superficial)* Sim, querido, claro que foi muito gentil da sua parte; e eu sei que também tenho culpa nisso tudo. Mas eu não me dei conta de que os seus versos nunca deveriam ter sido escritos para uma mulher casada.

ELE – Ah, como gostaria que eles tivessem sido escritos para uma mulher solteira! Ah, como eu gostaria!

ELA – Não seja ridículo! Você não tem o direito de desejar uma coisa dessas. Seus poemas são totalmente inadequados para qualquer pessoa, exceto para uma mulher casada. E é essa a dificuldade. O que vai pensar a minha cunhada se der com os olhos neles?

ELE – *(dolorosamente chocado)* Cunhada? Qual cunhada?

ELA – Eu tenho cunhadas, Henry. Sou humana. Ou você acha que eu sou um anjo?

ELE – *(mordendo os lábios)* Acho. O Céu que me proteja, mas é isso... eu acho... ou achei... ou... *(ele mal consegue conter um suspiro)*.

ELA – *(com suavidade e acariciando o ombro dele)* Escute aqui, querido. É muito gentil da sua parte viver comigo em sonhos, e me amar e... assim por diante. Mas não é porque eu queira que o meu marido tem parentes abomináveis.

ELE – *(vivamente)* Ah, claro. Eles são os parentes do seu marido. Eu tinha me esquecido disso. Desculpe-me, Aurora. *(Ele retira a mão dela do ombro e a beija. Ela senta-se na banqueta. Ele permanece próximo à mesa, sorrindo estupidamente para ela)*.

ELA – A verdade é: Teddy não possui mais nada na vida, além de parentes. Ele tem oito irmãs e seis meias-irmãs e nem sei quantos irmãos... Mas eu não me importo com os irmãos. Agora, se pelo menos você conhecesse alguma coisa deste mundo, Henry, saberia que, em uma família numerosa, mesmo que uma irmã brigue loucamente com outra o tempo todo, basta que um de seus irmãos se case para que elas se voltem para a pobre coitada da cunhada e dediquem o resto de suas vidas, unanimemente, a convencê-lo de que a mulher não é digna dele. E elas fazem isso bem debaixo do nariz da esposa, sem que ela perceba, porque elas sempre se comunicam por intermédio de um monte de piadas de família, baixas e estúpidas, que ninguém mais entende a não ser elas. Metade das vezes não dá pra saber do que estão falando; e isso me deixa doida. Deveria haver uma lei que proibisse as irmãs do marido de entrarem na casa dele depois de casado. Tenho certeza, como estou sentada aqui, que a Georgina roubou os poemas da minha caixa de trabalho.

ELE – Ela não irá entendê-los, eu acho.

ELA – Ah, não? Vai entender muito bem. Vai enxergar malícia até mesmo onde não existe, aquela vagabunda ordinária.

ELE – *(indo até ela)* Não ofenda as pessoas dessa maneira. Não faça um juízo como esse a respeito dela. *(Ele toma a mão dela e senta-se no tapete a seus pés.)* Aurora, lembra-se da noite quando me sentei aqui aos seus pés e li para você os meus poemas pela primeira vez?

ELA – Eu não devia ter permitido isso. Só agora consigo ver. Quando penso em Georgina sentada lá, aos pés do Teddy, lendo os poemas para ele pela primeira vez, sinto que vou enlouquecer.

ELE – Você está certa. Isso seria uma profanação.

ELA – Oh, não me importo com profanação alguma; mas o que o Teddy vai pensar? O que o Teddy vai fazer? *(bruscamente, retira com força a cabeça dele do colo)* Você parece que não se importa nem um pouco com o Teddy. *(Ela levanta-se de um ímpeto, cada vez mais agitada).*

ELE – *(prostrado no chão, porque o movimento*

brusco dela fez com que ele perdesse o equilíbrio) O Teddy não representa nada para mim e a Georgina, menos ainda.

ELA – Você vai ver num instante o nada que ela representa. Se você acha que uma mulher não pode prejudicar outra só porque é uma cafona molambenta e escandalosa, está redondamente enganado. *(Ela agita-se pela sala. Ele levanta-se devagar e limpa a poeira das mãos. Repentinamente ela corre para ele e atira-se em seus braços)* Oh, Henry, me ajude a encontrar uma saída; e eu lhe serei grata pelo resto da vida. Oh, como sou miserável! *(Ela soluça recostada ao peito dele).*

ELE – Oh, como sou feliz!

ELA – *(afastando-se dele abruptamente)* Não seja egoísta.

ELE – *(humildemente)* Compreendo a sua acusação, Aurora. Mas, mesmo que estivesse indo para a forca, desde que fosse com você, eu ainda me sentiria feliz e esqueceria complemente do perigo que enfrentaríamos juntos.

ELA – *(com brandura e acariciando a mão dele afetuosamente)* Oh, você é um menino fofinho muito querido, Henry, mas... *(afastando a mão dele com irritação)* é um inútil. Eu quero alguém que me diga o que devo fazer.

ELE – *(com uma convicção silenciosa)* Seu coração dirá no momento oportuno. Tenho refletido profundamente sobre isso; e sei o que devemos fazer, mais cedo ou mais tarde.

ELA – Não, Henry. Não vou fazer nada que seja errado ou vergonhoso.

(Ela senta-se resolutamente na banqueta com o olhar inflexível)

ELE – Caso fizesse, você não seria mais a Aurora que eu conheço. Nosso destino é perfeitamente simples, franco, imaculado e verdadeiro. Nós nos amamos e não tenho vergonha disso. Estou pronto para sair daqui e revelar o nosso amor para toda a Londres e também para o seu marido, quando você conseguir perceber – e logo perceberá – que esse é o único caminho honrado que seus pés podem trilhar. Vamos embora juntos para nossa casa, esta noite, sem mais nada do que nos esconder ou nos envergonhar. Lembre-se! Devemos isso ao seu marido. Somos apenas hóspedes dele nesta casa; ele é um homem honrado e tem sido muito gentil conosco. Ele talvez ame você tanto quanto lhe permite a sua natureza vulgar e o ambiente comercial e sórdido onde ele trabalha. Nós devemos a ele e à honra dele que não descubra a verdade dos lábios de uma fofoqueira escandalosa. Vamos até ele agora mesmo, em silêncio e de mãos dadas; então lhe dizemos adeus e deixamos esta casa sem ocultações ou subterfúgios, livres e de forma honesta, sem ferirmos a honra nem o amor-próprio de ninguém.

ELA – *(com o olhar fixo nele)* E para onde é que vamos?

ELE – Não devemos nos afastar um fio de cabelo sequer do curso natural de nossas vidas. Estávamos indo ao teatro quando a perda dos poemas nos forçou a mudar momentaneamente de planos. Então, ainda iremos ao teatro; só que deixaremos aqui os seus diamantes porque não podemos pagar por esse luxo e, para falar a verdade, nem precisamos deles.

ELA – *(aflita)* Eu já disse pra você que odeio diamantes; é o Teddy que insiste em me exibir com eles por toda parte. Não me venha agora com lições sobre simplicidade.

ELE – Nunca pensei numa coisa dessas, minha querida. Eu sei que essas trivialidades não significam nada para você. Mas o que eu estava dizendo?... Ah, sim. Em vez de voltarmos para cá depois do teatro, você irá comigo para minha casa – de agora em diante, nossa casa – e, quando chegar a hora, depois do seu divórcio, mandaremos celebrar qualquer cerimônia inútil que seja do seu agrado. Não dou a menor importância para a lei; o meu amor não foi criado por leis, nem pode ser amarrado ou desamarrado por nenhuma delas. O meu amor é simples e doce... *(Ele apanha as flores que estavam sobre a mesa)* Estas flores são para você. Eu estou com os ingressos; pediremos ao seu marido para que nos empreste uma de suas carruagens. Assim mostramos a ele que não existe nenhuma maldade, nenhum ressentimento entre nós. Venha, vamos!

ELA – O que você está propondo é dar uma porrada no Teddy e dizer pra ele que estamos indo embora juntos?

ELE – Isso mesmo. O que poderia ser mais simples do que isso?

ELA – E você não parou pra pensar, um segundo sequer, que ele não iria aguentar uma coisa dessas? Ele simplesmente mataria você.

ELE – *(parando de forma repentina e falando com uma confiança considerável)* Não é possível que você entenda dessas coisas, minha querida; como iria entender? Eu sigo o ideal grego e tenho cultuado o meu corpo desde sempre. Como todos os poetas, tenho uma paixão pelo boxe. Seu marido dificilmente poderia se tornar um peso-pesado de segunda categoria, mesmo se estivesse treinando e tivesse dez anos a menos. Assim como está, com um esforço extremo vindo da paixão que nutre por você, ele talvez até pudesse se dar bem por, no máximo, quinze segundos. Mas sou rápido o bastante para me manter fora da sua mira por quinze segundos; e depois disso eu simplesmente tomaria conta dele.

ELA – *(levantando-se e indo até ele profundamente consternada)* O que você quer dizer com "tomaria conta dele"?

ELE – *(gentilmente)* Não me pergunte, minha querida. Em todo caso, juro a você que não precisa ficar preocupada comigo.

ELA – E com o Teddy? Você me diz que vai dar um murro na cara dele, bem na minha frente, e não quer que eu fique preocupada?

ELE – Toda esta conversa é desnecessária, minha amada. Acredite em mim, nada irá acontecer. Seu marido conhece minha capacidade de defesa; e em condições como essas, nada jamais acontece. E, claro, eu nunca farei coisa alguma. O homem que uma vez amou você é sagrado para mim.

ELA – *(desconfiada)* E ele, por acaso, não me ama mais? Ele disse alguma coisa pra você?

ELE – Não, claro que não. *(Ele a envolve ternamente nos braços)* Querida, minha querida, como você está agitada! Tão diferente do seu jeito habitual! Todas essas preocupações estão no nível das profundezas inferiores. Venha comigo para o plano superior. Para as alturas, as solidões, e o reino da alma!

ELA – *(evitando o olhar dele)* Não, pare com isso... não adianta, Sr. Apjohn...

ELE – *(recuando)* Sr. Apjohn!!!

ELA – Desculpe-me, eu quis dizer Henry, claro.

ELE – Como pode sequer pensar em mim como Sr. Apjohn? Nunca penso em você como Sra. Bompas. Você é sempre a minha Aurora. Aurora, Auro...

ELA – Sim, claro, está tudo bem, Sr. Apjohn... *(ele tenciona interrompê-la novamente, mas ela não lhe dá tempo)* Não, não adianta. De repente, sem nenhuma explicação, comecei a pensar em você como

Sr. Apjohn; e é ridículo continuar lhe chamando de Henry. Eu achei que você fosse apenas um garoto, uma criança, um sonhador. E agora você quer esmurrar o Teddy e destruir a minha casa e me desmoralizar fazendo um escândalo terrível em todos os jornais. Isso é cruel, desumano e covarde.

ELE – *(sinceramente surpreso)* E você está com medo?

ELA – Mas é claro que estou com medo. Você também estaria se tivesse bom senso. *(Ela se dirige para a lareira e, de costas para ele, bate com um dos pés repetidamente sobre a grelha).*

ELE – *(observando-a com extrema seriedade)* O amor verdadeiro expulsa todo e qualquer temor. É por isso que não tenho medo. Sra. Bompas, você não me ama.

ELA – *(voltando-se para ele com um suspiro de alívio)* Oh, obrigada, muito obrigada! Você sabe realmente como ser gentil, Henry.

ELE – Por que está me agradecendo?

ELA – *(graciosamente se aproximando dele)* Porque você começou a me chamar de Sra. Bompas outra vez. Sinto que você vai ser sensato e se comportar como um cavalheiro. *(Ele desaba sobre a banqueta, cobre o rosto com as mãos e começa a gemer)* O que foi que aconteceu?

ELE – Uma ou duas vezes na minha vida sonhei que era extraordinariamente abençoado e feliz. Mas, oh!, a dúvida surge ao primeiro movimento da consciência e a realidade me esfaqueia; então as paredes do meu quarto me aprisionam e a decepção amarga me faz despertar! Ah, desta vez! Desta vez eu pensei que estivesse acordado.

ELA – Escute aqui Henry, não temos tempo agora para essa baboseira. *(Ele põe-se de pé como se ela tivesse puxado em um gatilho e o tivesse levantado por intermédio da liberação de uma mola poderosa. Ele passa por ela irritado e se dirige para a pequena mesa).* Oh, cuidado, você quase bateu no meu queixo com a cabeça.

ELE – *(com uma cortesia violenta)* Queira me desculpar. O que é mesmo que eu devo fazer? Estou ao seu inteiro dispor. Estou pronto para me comportar como um cavalheiro, se você for gentil o bastante para me explicar como exatamente devo proceder.

ELA – *(um pouco assustada)* Obrigada, Henry. Tinha certeza de que faria isso por mim. Você não está zangado comigo, não é mesmo?

ELE – Vamos... vamos logo com isso. Preciso de alguma coisa para pensar, senão eu vou... vou... *(subitamente ele apanha o leque dela e está prestes a quebrá-lo entre os dedos da mão fortemente cerrada).*

ELA – *(correndo até ele e agarrando-se ao leque com grande aflição)* Não quebre o meu leque... não, não faça isso... *(Ele lentamente relaxa a mão enquanto ela, com grande ansiedade, retira dele o objeto)* Não gosto de brincadeiras estúpidas... não gosto mesmo.

Você não tem o direito de fazer isso. *(Ela abre o leque e descobre que uma das hastes foi descolada.)* Oh, como você pode ser tão grosseiro?

ELE – Queira me desculpar. Comprarei outro pra você.

ELA – *(lamentando)* Você jamais conseguirá encontrar outro igual. E este era um dos meus preferidos.

ELE – *(breve)* Então você terá que se virar sem ele. E ponto final.

ELA – Não é gentil da sua parte me dizer isso depois de ter quebrado o meu leque de estimação.

ELE – Se você soubesse o quanto estive perto de quebrar a esposa de estimação do Teddy e presenteá-lo com os pedaços dela, você estaria agradecida por estar viva em vez de ficar aí berrando por causa de um pedaço de marfim de cinco centavos. Para o inferno com seu leque!

ELA – Oh! Não se atreva a praguejar na minha frente. Alguém poderia pensar que você é o meu marido.

ELE – *(novamente desabando sobre a banqueta)* Isto só pode ser um pesadelo terrível. Esta não é você. Onde foi parar a minha Aurora?

ELA – Muito bem, já que você está falando nisso, onde foi parar o Henry que eu conheço? Você acha que eu teria sequer pensado em dar trela para um demônio infame, se eu soubesse que você era assim?

ELE – Não me puxe para baixo... oh, não. Ajude-me a encontrar um caminho de volta para as alturas.

ELA – *(ajoelhando-se ao lado dele e implorando)* Se

você pudesse pelo menos ter um pouco de consideração, Henry. Se pudesse lembrar-se de que estou prestes a ficar desmoralizada, em vez de ficar aí dizendo calmamente que tudo é muito simples.

ELE – Mas para mim é.

ELA – *(levantando-se num salto, distraidamente)* Se disser isso de novo, vou fazer uma coisa de que, tenho certeza, vou me arrepender depois. Estamos aqui, à beira de um precipício medonho. Sem dúvida é muito simples nos atirarmos no vácuo e acabarmos com isso de uma vez. Mas será que você não tem uma sugestão um pouco mais agradável?

ELE – Não estou em condições de sugerir nada agora. Uma escuridão densa e gelada tomou conta de tudo. Não consigo ver nada a não ser os escombros do nosso sonho. *(Ele levanta-se com um suspiro profundo).*

ELA – Não consegue? Pois muito bem, eu consigo. Vejo a Georgina esfregando aqueles poemas na cara do Teddy. *(Encarando-o com determinação)* Vou dizer uma coisa pra você Henry Apjohn: foi você quem me colocou nesta confusão e agora é você que tem por obrigação me tirar dela.

ELE – *(cortês, mas perdido)* Tudo que posso dizer é que estou inteiramente ao seu dispor. O que você quer que eu faça?

ELA – Você conhece qualquer outra pessoa que se chame Aurora?

ELE – Não.

ELA – Não vai ajudar muito se você ficar aí dizendo "Não", como se fosse uma cabeça de porco congelada. Você deve conhecer alguma outra Aurora... ou deve ter conhecido em algum lugar...

ELE – Você me disse que era a única Aurora no mundo. *(Erguendo os punhos cerrados num gesto que sinaliza um retorno repentino de suas emoções)* Oh Deus! Você era a única Aurora do mundo para mim. *(Ele se afasta dela, escondendo o rosto).*

ELA – *(afagando-o)* Sim, claro meu querido. É muito gentil da sua parte e estou muito lisonjeada. Estou mesmo. Só que isso não é apropriado para este momento. Agora me responda: você, com certeza, conhece todos aqueles poemas de cor?

ELE – Claro que sim. *(Levantando a cabeça e olhando para Aurora com uma desconfiança repentina)* Você não?

ELA – Bem, nunca consigo me lembrar de versos; e, além do mais, estive tão ocupada que não tive tempo de ler todos eles. Mas é claro que pretendo fazer isso assim que conseguir arranjar um tempinho. Prometo que vou ler tudo, Henry. Mas agora tente se lembrar de um pequeno detalhe, apenas. Você, por acaso, usou o nome Bompas em algum dos poemas?

ELE – *(indignado)* Não.

ELA – Tem certeza?

ELE – Claro que tenho. Por que eu usaria um nome como esse em um poema?

ELA – Bem, por que não? Bompas rima com Trompas que, aliás, parece bem apropriado para o momento. Mas você é um poeta e deve saber disso.

ELE – E o que importa isso... agora?

ELA – Importa muito e posso dizer por quê. Se o nome Bompas não aparece em nenhum poema, podemos dizer que eles foram escritos para uma outra Aurora e que você me mostrou os seus versos só porque eu me chamo Aurora também. Então tudo que você precisa fazer é inventar outra Aurora para esta ocasião.

ELE – *(com extrema frieza)* Oh, se você quer que eu minta...

ELA – Mas é claro. Como um homem honrado... como um cavalheiro, você não diria a verdade, não é mesmo?

ELE – Muito bem. Você destroçou a minha alma e profanou os meus sonhos. Mentirei. Defenderei e manterei minha honra. Não tenha medo. Representarei o papel do cavalheiro.

ELA – Isso mesmo. Pode me responsabilizar por tudo, se quiser, Henry. Só não seja mesquinho.

ELE – *(levantando-se com muito esforço)* Você está certa, Sra. Bompas. Queira me desculpar. Por favor, desculpe o meu mau humor. Acho que estou tendo uma impulsão de aflição.

ELA – Impulsão de aflição!?

ELE – O processo que nos impulsiona do romantismo da infância para o cinismo da maturidade normalmente leva quinze anos. Quando ele é reduzido a apenas quinze minutos, o ritmo se acelera rápido demais e uma impulsão de aflição é o resultado.

ELA – Oh, e lá são horas para demonstrar sua inteligência? Então, está combinado, não é, que você vai ser bom e gentil e enganar o Teddy dizendo que você tem outra Aurora?

ELE – Tudo bem. Sou capaz de qualquer coisa agora. Eu não devia ter contado a verdade para ele por partes e agora não vou mentir por partes. Vou chafurdar a honra de um cavalheiro.

ELA – Meu garoto querido. Eu sabia que podia contar com você. Eu... Shhh! *(Ela precipita-se para a porta e a mantém entreaberta, ouvindo esbaforida).*

ELE – O que é?

ELA – *(branca de apreensão)* É o Teddy. Eu o ouvi dando pancadinhas no novo barômetro. Ele nunca faz isso quando está preocupado com alguma coisa séria. Talvez Georgina não tenha contado nada pra ele. *(Ela retorna furtivamente para junto da lareira)* Tente se comportar como se nada estivesse acontecendo. Alcance-me as luvas, rápido. *(Ele as entrega para ela. Ela enfia apressadamente a mão em uma delas e começa a abotoá-la com uma despreocupação exagerada)* Vá para mais longe de mim, rápido. *(Ele caminha determinado até que o piano o impede de prosseguir)* Se eu abotoasse a minha luva e... se você começasse a cantarolar qualquer coisa, você não acha que...

ELE – O quadro denunciando a nossa culpa estaria

completo. Pelo amor de Deus, Sra. Bompas, pare já com essa luva. A senhora está se parecendo com um batedor de carteiras.

O marido dela entra. Ele é um homem de negócios robusto, grande e bem arrumado. Possui um queixo pronunciado, mas os olhos de um estúpido e a boca de um ingênuo. Ele entra com um ar grave, mas não demonstra nenhum sinal de descontentamento; muito pelo contrário.

O MARIDO DELA – Olá! Pensei que vocês estivessem no teatro.

ELA – Eu estava muito preocupada com você, Teddy. Por que não veio para casa na hora do jantar?

O MARIDO DELA – Recebi um recado da Georgina. Ela queria falar comigo.

ELA – Coitada da querida Georgina! Uma pena que não pude visitá-la na semana passada. Espero que não tenha acontecido nada de errado com ela.

O MARIDO DELA – Nada não, a não ser a ansiedade dela com relação ao meu bem-estar... e o seu. *(Ela lança um olhar furtivo para Henry)* Falando nisso, Apjohn, eu gostaria de dar uma palavrinha com você ainda esta noite, se Aurora puder dispensá-lo por alguns instantes.

ELE – Estou inteiramente ao seu dispor.

O MARIDO DELA – Mas não tem pressa. Falaremos depois do teatro.

ELE – Decidimos não ir mais ao teatro.

O MARIDO DELA – Ah é? Bem, sendo assim... *(para Ele)* Por que não vamos para o meu escritório?

ELA – Não é preciso. Vou para o meu quarto guardar os brilhantes no cofre já que não vou mais sair mesmo. Você poderia me passar as minhas coisas?

O MARIDO DELA – *(enquanto entrega a ela a touca e o espelho)* Muito bem, aqui pelo menos temos um pouco mais de espaço.

ELE – *(olhando em volta e dando de ombros)* Acho que iria preferir todos os outros espaços do mundo.

O MARIDO DELA – Tem certeza de que não é nenhum incômodo para você, minha querida?

ELA – Incômodo algum. *(Ela sai)*

Quando os dois ficam a sós, Bompas deliberadamente retira os poemas do bolso do paletó e os analisa refletidamente. Então, olha para Henry, silenciosamente chamando sua atenção. Henry se recusa a entender, e faz o melhor que pode para parecer despreocupado.

O MARIDO DELA – Posso lhe perguntar se, por acaso, você não conhece estes manuscritos?

ELE – Manuscritos?

O MARIDO DELA – Sim. Você não gostaria de analisá-los um pouco mais de perto? *(Ele praticamente esfrega o material no rosto de Henry).*

ELE – *(como se tivesse tido uma iluminação repentina, resultado de uma surpresa agradável)* Ah, são os meus poemas!

O MARIDO DELA – Foi o que eu pensei.

ELE – Que vergonha! A Sra. Bompas não deveria ter lhe mostrado. Agora você deve estar pensando que eu sou um grande asno. Eu escrevi estes poemas anos atrás depois de ter lido "As canções antes do amanhecer", de Swinburne. Nada me deixaria satisfeito, então, se eu não imitasse algumas daquelas Canções para o amanhecer. A aurora, sabe? Os dedos rosados da aurora. Todos eles são sobre a aurora. Quando a Sra. Bompas me disse que o primeiro nome dela era Aurora, não pude resistir à tentação de emprestar os meus poemas para que ela lesse. Mas eu nem de longe sugeri que ela os submetesse aos seus olhos insensíveis.

O MARIDO DELA – *(com um sorriso malicioso)* Apjohn, você é surpreendente! Uma resposta pronta como essa! Parabéns! Você tem talento para a literatura; e Aurorinha e eu ainda vamos ver o dia em que teremos o prazer de recebê-lo em nossa casa como um escritor de sucesso. Mas confesso que só ouvi histórias tão deslavadas como essa de homens muito mais velhos do que você.

ELE – *(com ar de imensa surpresa)* Você está querendo insinuar que não acredita em mim?

O MARIDO DELA – E você espera que eu acredite?

ELE – Por que não? Não entendo.

O MARIDO DELA – Ora vamos! Não subestime a sua inteligência, Apjohn. Você entende muito bem.

ELE – Posso garantir que estou completamente perdido. Você não poderia ser um pouco mais explícito?
O MARIDO DELA – Não exagere, meu amigo. Mas tudo bem, vou ser explícito o bastante para dizer que se você pensa que estes poemas, assim como estão, foram dirigidos, não para uma mulher de carne e osso, mas para aquela hora da manhã, fria de fazer tremer um esqueleto, que você nem conhece porque nunca na vida levantou tão cedo, você não está fazendo justiça ao seu próprio talento literário – que eu aprecio e admiro muito, veja bem, tanto quanto qualquer outra pessoa. Ora vamos! Pode confessar. Você escreveu estes poemas para a minha mulher. *(Um conflito interno impede Henry de responder)* Ah, mas é claro que escreveu. *(Ele atira os poemas sobre a mesa e se dirige para a lareira onde se posiciona de forma rígida, um pouco sorridente e à espera do próximo movimento).*
ELE – *(formalmente e com cuidado)* Sr. Bompas. Dou a minha palavra de honra de que o senhor está equivocado. Não preciso lhe dizer que a Sra. Bompas é uma dama com uma reputação impecável, que jamais teve nenhum pensamento indigno a meu respeito. Não é porque ela tenha lhe mostrado os meus poemas...
O MARIDO DELA – Ela não me mostrou. Eu cheguei até eles sem que ela soubesse.

ELE – E isso não é mais uma prova da inocência dela? Ela os teria mostrado imediatamente se sequer desconfiasse das suas suspeitas infundadas a respeito deles.

O MARIDO DELA – *(agitado)* Apjohn, jogue limpo. Não insulte o seu talento intelectual. Você está querendo me dizer que estou me comportando como um imbecil?

ELE – *(seriamente)* Pensando dessa maneira, tenho que ser honesto e dizer que você está. Posso lhe garantir, pela minha honra de cavalheiro, que jamais tive nenhum outro sentimento pela Sra. Bompas, por menor que fosse, além da estima e consideração por uma conhecida querida que é uma companhia muito agradável.

O MARIDO DELA – *(abruptamente, mostrando sinais de mau humor pela primeira vez)* Oh! É isso! *(Ele se afasta da lareira e começa a se aproximar de Henry lentamente, olhando-o de alto a baixo com uma indignação crescente).*

ELE – *(apressando-se em incrementar a impressão causada pela sua mentira)* Eu nunca sonharia em escrever poemas para ela. Isso é um absurdo.

O MARIDO DELA – *(ruborizando ameaçadoramente)* Absurdo por quê?

ELE – *(dando de ombros)* Bem, acontece que eu não admiro a sua esposa... do jeito que você está pensando.

O MARIDO DELA – *(explodindo no rosto de Henry)* Pois fique sabendo que a Sra. Bompas tem sido admirada por homens muito melhores do que você, seu idiota de miolo podre.

ELE – *(extremamente sobressaltado)* Não precisa me insultar desse jeito. Posso lhe assegurar, pela minha honra de...

O MARIDO DELA – *(irritado demais para suportar uma resposta e impelindo Henry cada vez mais para perto do piano)* Então você não admira a Sra. Bompas! Nunca sonharia em escrever poemas para ela! Minha esposa não é boa o bastante para você, é isso? *(furiosamente)* Quem você pensa que é, hein, que se julga assim tão superior?

ELE – Sr. Bompas, eu entendo o seu ciúme...

O MARIDO DELA – Ciúme! Ciúme de quem? De você? Não, mas nem mesmo de cem como você. E se você pensa que vou ficar aqui parado deixando você insultar a minha esposa na casa dela, está muito enganado.

ELE – *(muito desconfortado, com as costas contra o piano, e Teddy reclinado sobre ele ameaçadoramente)* Como é que posso convencê-lo? Seja razoável. Eu lhe garanto que as minhas relações com a sua esposa são de uma frieza, de uma indiferença que...

O MARIDO DELA – *(desdenhosamente)* Diga de novo, diga isso de novo. E você tem orgulho de dizer uma coisa como essa? Tem ou não tem? Ah, você não presta nem mesmo para levar um chute no traseiro.

Henry repentinamente executa um golpe conhecido pelos boxeadores como escorregão e troca de lado com Teddy, que agora está entre ele e o piano.

ELE – Escute aqui. Não vou admitir uma coisa dessas.

O MARIDO DELA – Oh, então você possui sangue nessas veias, afinal de contas! Muito bem.

ELE – Isto é ridículo. Posso lhe garantir que a Sra. Bompas é extremamente...

O MARIDO DELA – O que a Sra. Bompas é para você é só o que eu gostaria de saber. Mas eu mesmo vou lhe dizer o que ela é. Ela é a mulher mais elegante da parte mais elegante de South Kensington, e a mulher mais linda, mais inteligente e a mais encantadora para os homens experientes que sabem reconhecer o que é bom logo à primeira vista. E não importa o que ela possa ser para imbecis presunçosos de segunda linha como você, que pensam que nada é bom o bastante para eles. Todas as pessoas superiores sabem reconhecer essas coisas; e não reconhecê-las depõe contra você. Três dos nossos atores-empresários mais famosos ofereceram dez mil por semana, caso ela tivesse a intenção de pisar no palco quando eles começassem seus novos repertórios para o teatro; e eu acho que eles sabem o que estão fazendo tanto quanto você. Até mesmo um dos membros do Gabinete, que você pode descrever como um homem muito bonito, deixou suas ocupações de Estado, só para dançar com ela, ainda que ele não faça parte do nosso grupo de modo regular. Um dos poetas mais afamados de Bedford Park escreveu um soneto para ela que vale muito, mas muito mais do que todo esse lixo amadorístico que você produziu. Em Ascot, na última temporada, o filho mais velho de um duque me pediu desculpas apenas porque o motivo de sua visita era o sentimento que ele nutria pela Sra. Bompas; sentimento que não era condizente com as obrigações que ele deveria ter para comigo, o seu anfitrião; e suas desculpas o deixaram muito satisfeito, e a mim também. *(com fúria crescente)* Mas agora você vem me dizer que ela não é boa para você e que a olha com frieza, com indiferença?! E ainda tem o atrevimento de dizer isso na minha cara?! Por muito menos eu amassaria o seu nariz e lhe ensinaria a ter modos. Apresentar uma mulher de classe para você é o mesmo que atirar pérolas aos porcos. *(gritando para o outro)* Pérolas aos PORCOS! Está me ouvindo?

ELE – *(com uma deplorável falta de educação)* Se me chamar de porco outra vez, vou dar-lhe um murro no queixo que vai fazer você ouvir sininhos por mais de uma semana.

O MARIDO DELA – *(explodindo)* O que?!

Ele investe sobre Henry com a fúria de um touro. Henry se posiciona como um boxeador bem treinado e consegue evitar o golpe de forma diligente, mas infelizmente se esquece da banqueta que está bem atrás dele. Ele cai para trás sobre o móvel e, sem intenção, acaba por empurrá-lo contra os tornozelos do outro, que cai para frente por cima da banqueta. A Sra. Bompas se precipita para dentro da sala com um grito e se coloca entre os dois campeões estatelados no chão. Ela se senta ao lado do marido e coloca o braço direito em volta do pescoço dele.

ELA – Não faça isso Teddy. Não faça. Ele vai matar você. Ele é campeão de boxe.

O MARIDO DELA – *(vingativo)* Vou mostrar a ele o campeão que ele é. *(Ele luta em vão para se livrar do abraço dela).*

ELA – Henry, não deixe que ele brigue com você. Prometa-me que você não vai brigar com ele.

ELE – *(arrependido)* Eu fiquei com um galo assustador aqui atrás da minha cabeça. *(Ele tenta se levantar).*

ELA – *(estendendo a mão esquerda, segurando nas pontas do fraque dele e o puxando de volta para baixo, enquanto mantém Teddy imobilizado com o outro braço)* Não se levante até que me prometa, até que vocês dois me prometam. *(Teddy tenta se levantar e ela o puxa novamente para baixo)*

Teddy, me prometa, só isso. Diga: eu prometo.
Seja bonzinho. Prometa.

O MARIDO DELA – Não prometo nada, a não ser
que ele retire tudo o que disse.

ELA – Ele vai retirar... Ele já retirou, não é mesmo
Henry?

ELE – *(com fúria)* Está bem. Eu retiro o que disse.
*(Ela larga o casaco dele. Ele se levanta. Teddy
também).* Eu retiro tudo o que disse, tudo, sem
nenhuma restrição.

ELA – *(no chão)* E ninguém vai me ajudar a levantar? *(Cada um deles segura em uma das mãos
dela e a ajudam a se levantar)* Agora vocês dois
vão se dar as mãos, não é mesmo? Como dois
homens bonzinhos.

ELE – *(despreocupadamente)* Não vou fazer nada
disso. Eu me afundei em mentiras por sua causa e
minha única recompensa foi um galo do tamanho
de uma maçã aqui atrás da cabeça. Agora eu vou
voltar para o caminho correto.

ELA – Henry, pelo amor de Deus...

ELE – Não adianta. O seu marido é um estúpido
muito imbecil.

O MARIDO DELA – O que foi que você disse?

ELE – Que você é um estúpido muito imbecil; e
se for agora lá fora comigo, posso repetir isso
quantas vezes você quiser *(Teddy começa a tirar
o casaco para o combate).* Todos estes poemas

foram escritos para a sua esposa, cada palavra e cada verso, e para ninguém mais. *(A expressão do rosto de Teddy se transforma completamente. Radiante, ele torna a vestir o casaco).* Eu os escrevi porque a amava. Eu achava que ela era a mulher mais extraordinária da face da terra e disse isso a ela muitas e muitas vezes. Eu a adorava, está me ouvindo? Também disse que achava que você era um comerciante idiota e repugnante que não valia um tostão do que ganhava e que não era digno de estar com ela. E ainda continuo achando a mesma coisa.

O MARIDO DELA – *(tão satisfeito que mal consegue acreditar no que está ouvindo)* Você não está sendo sincero!

ELE – Estou sim. E digo mais. Eu convidei a Sra. Bompas para ir embora desta casa comigo – para deixá-lo – para se divorciar de você e se casar comigo. Eu pedi e implorei para que ela fizesse isso, esta noite mesmo. Foi a recusa dela que pôs um fim a tudo que existia entre nós. *(Olhando desdenhosamente para ele)* O que ela viu em você, acho que nem mesmo Deus sabe!

O MARIDO DELA – *(sorrindo feliz, mas com remorso)* Meu caro amigo, por que não me disse isto antes? Peço desculpas. Vamos! Não fique ressentido. Toque aqui. *(Para Aurora)* Minha querida, ele não quer me dar a mão.

ELA – Pelo amor de Deus, Henry. Afinal de contas, ele é o meu marido. Vamos, ele merece o seu perdão. Dê a mão para ele, por favor. *(Henry, atônito, deixa que ela conduza a mão dele para apertar a de Teddy).*
O MARIDO DELA – *(apertando a mão do outro calorosamente)* Você precisa admitir que nenhuma das suas heroínas literárias chega aos pés da minha Aurorinha. *(Ele se volta e a abraça com orgulho apaixonado)* Não é mesmo, querida? Nenhum deles consegue resistir aos seus encantos. Ainda não conheci nenhum homem que conseguisse resistir por mais de três dias.
ELA – Não seja bobo, Teddy. Espero que você não tenha se machucado muito, Henry. *(Ela o examina, apalpando-o atrás da cabeça. Ele se contrai)* Oh, pobre garoto, que galo é este! Vou buscar um pouco de sal e vinagre. *(Ela vai até onde está o sininho e o toca)*
O MARIDO DELA – Você me faria um grande favor, Apjohn? Fico com um pouco de vergonha de pedir isto a você. Mas seria realmente muita bondade da sua parte. Eu e Aurora ficaríamos muito felizes.
ELE – O que você quer?
O MARIDO DELA – *(apanhando os poemas)* Bem, você permitiria que eu publicasse isto? Em grande estilo, naturalmente. O papel mais refinado, uma encadernação suntuosa, tudo de primeira linha.

Os seus poemas são maravilhosos e eu gostaria de mostrá-los por aí, para alguns amigos...

ELA – *(voltando em disparada, encantada com a ideia e colocando-se entre os dois)* Oh, Henry, você não iria se incomodar com uma coisa dessas, não é mesmo?

ELE – Oh, claro que não. Acho que nunca mais irei me incomodar com coisa alguma.

O MARIDO DELA – E que título poderíamos dar ao livro? Para Aurora, ou alguma coisa assim... O que você acha?

ELE – Acho que o melhor título é: "Como ele mentiu para o marido dela".

PERSONAGENS
Sentinela
William Shakespeare
Rainha Elizabeth
Mary Fitton

TEMPO
Na vastidão dos tempos da
Grande Rainha Elizabeth. Fim do século XVI.

LUGAR
O terraço do Palácio de Whitehall.
Uma noite de verão.

A DAMA NEGRA DOS SONETOS
UM INTERLÚDIO
(1910)

Fim do século XVI, começo do XVII. Uma noite de verão no terraço do Palácio de Whitehall, com vistas para o Tâmisa. O relógio do palácio anuncia onze horas. Uma sentinela da Torre de Londres, vestida a caráter, está de guarda. Um homem encapuzado se aproxima.

SENTINELA – Alto lá. Quem és? Qual é a senha?
HOMEM – Senha! Sei lá. Eu me esqueci completamente da senha.
SENTINELA – Então não podes passar. Quem és? Qual a tua ocupação? És um homem de verdade?
HOMEM – Longe disso, Mestre Sentinela. Nunca sou o mesmo homem por dois dias seguidos; às vezes eu sou Adão, às vezes Benvólio e, na calada da noite, o Fantasma.
SENTINELA – *(retraindo-se)* Um fantasma! Que os anjos e ministros da Graça nos protejam!
HOMEM – Bela frase, Mestre Sentinela. Se me permites, vou registrar aqui por escrito. Tenho uma péssi-

ma memória e nunca consigo me lembrar de nada. *(Ele pega um bloco que trazia consigo, e começa a fazer anotações nele)* Acho que esta pode se tornar uma bela cena: tu no teu turno solitário e eu me aproximando feito um fantasma sob a luz da lua. Não me olhes com essa cara embasbacada de medo; mas presta atenção no que vou te dizer. Tenho um encontro marcado aqui esta noite com uma dama negra. Ela prometeu que iria subornar a guarda. Eu forneci a ela os meios de fazer isso: quatro ingressos para ir ao meu Teatro.

SENTINELA – Desgraçada! Ela só meu deu dois.

HOMEM – *(destacando uma folha do bloco)* Meu amigo, basta que apresentes isto aqui na entrada e serás bem-vindo sempre que as peças de Will Shakespeare estiverem sendo representadas. Leva a esposa também. Leva os amigos. Leva toda a guarnição. Há sempre bastante espaço sobrando e cabe todo mundo lá.

SENTINELA – Não gosto destas peças novas só com palavras. A gente não entende nada. Eles só falam. Não podias me arranjar um ingresso para *A tragédia espanhola*?

HOMEM – Para assistir à *A tragédia espanhola*, tens que pagar, meu amigo. Eis aqui como fazer isso. *(Ele dá ao outro uma peça de ouro).*

SENTINELA – *(espantado)* Ouro! Oh, senhor, sois muito melhor pagador do que a vossa dama negra.

HOMEM – As mulheres são econômicas.

SENTINELA – Isso é verdade. Não dá pra esquecer que até mesmo aqueles que são mão-aberta precisam pechinchar nas compras do dia a dia. Essa dama aí sempre dá presentinhos para a sentinela, noite após noite, todos os dias da vida dela.

HOMEM – *(empalidecendo)* Não acredito!

SENTINELA – O negócio é o seguinte... sou capaz de jurar. Ela não tem uma aventura como essa só duas vezes por ano.

HOMEM – Patife! Estás me dizendo que a minha dama negra já fez isso antes? Que ela cria as condições para se encontrar com outros homens?

SENTINELA – Agora, que Deus abençoe a vossa inocência, senhor. Achais ser o único homem bonito no mundo? Ela é uma dama bem animada. Carnes quentes. Desculpai-me, mas não posso deixar que ela engane um cavalheiro que me deu a primeira peça de ouro que as minhas mãos já tocaram na vida.

HOMEM – Mestre Sentinela, não é estranho que nós, sabendo que todas as mulheres são falsas, fiquemos impressionados ao descobrir que a criadinha sem graça que estamos desfrutando não é melhor do que as outras?

SENTINELA – Não concordo, senhor. A maioria delas são pessoas decentes.

HOMEM – *(intolerante)* Não. São todas falsas. Se negares isso, estás mentindo.

SENTINELA – O senhor está julgando pela Corte. Lá, de fato, pode-se dizer da fragilidade que o nome dela é mulher.

HOMEM – *(pegando o bloco de notas novamente)* Por favor, diz isso de novo, sobre a fragilidade. É um acorde musical.

SENTINELA – Que acorde musical, senhor? Eu não sou músico, Deus é testemunha

HOMEM – Existe música na tua alma. Muitos da tua classe possuem esse atributo de forma acentuada. *(escrevendo)* 'Fragilidade, teu nome é mulher!' *(repetindo carinhosamente)* 'Teu nome é mulher'.

SENTINELA – São só quatro palavras, senhor. Sois do tipo que surrupia bagatelas sem importância?

HOMEM – *(com ansiedade)* O tipo que surrupia bagatelas... *(ele suspira)* Oh! Frase imortal! *(Ele a anota)* Esse homem é mais formidável do que eu.

SENTINELA – Oh, o senhor, usais o mesmo truque do meu patrão, o Lorde Pembroke.

HOMEM – Fico feliz em ouvir isso, porque o Lorde Pembroke é meu amigo íntimo. Mas por que chamas isso de truque do teu patrão?

SENTINELA – Fazer sonetos à luz do luar. E para a mesma dama.

HOMEM – Não!

SENTINELA – Ontem à noite, ele esteve aqui com o mesmo propósito que o vosso e exatamente na mesma hora.

HOMEM – Até tu, Brutus! E eu que achava que ele era meu amigo!
SENTINELA – É sempre assim, senhor.
HOMEM – É sempre assim!!! Era sempre assim. *(voltando-se, vencido)* Dois cavalheiros de Verona! Judas! Judas!!
SENTINELA – Ele é tão mau assim, senhor?
HOMEM – *(recobrando a benevolência e o autocontrole)* Mau? Ah, não. Humano, Mestre Sentinela, humano. Nós nos insultamos mutuamente quando nos sentimos ofendidos, como fazem as crianças. E isso é tudo.
SENTINELA – Ah, senhor, palavras, palavras, palavras. Um sopro de vento, apenas. Enchemos a barriga com o vento que sopra do Leste e com a Sagrada Escritura. Mas ninguém alimenta desse jeito os capões que serão abatidos.
HOMEM – Que cadência espetacular. Com a tua permissão. *(Ele faz mais anotações)*.
SENTINELA – O que é uma cadência, senhor? Nunca ouvi falar disso.
HOMEM – Uma coisa utilizada para se dominar o mundo, meu amigo.
SENTINELA – Falais de modo estranho, senhor. Não vos ofendais. Mas os outros não são assim. Sois um sujeito gentil, senhor; e um homem pobre se sente à vontade na vossa presença, porque não vos incomodais em dividir as ideias, senhor.

HOMEM – Esse é o meu ofício. Mas é uma pena! A maior parte do mundo não ficará sabendo nada sobre as minhas ideias.

Uma luz vaza pela porta do palácio no momento em que é aberta pelo lado de dentro.

SENTINELA – Aí vem a vossa dama, senhor. Vou para o outro lado da minha guarda. Podeis usar o tempo que quiserdes para resolver vossos assuntos. Não vou retornar de repente, a menos que o meu sargento venha fazer a sua ronda neste lado. Ele é um homem implacável e muito rigoroso quando o assunto é a prisão. Até logo, senhor; e boa sorte! *(Ele sai).*

HOMEM – 'Muito rigoroso quando o assunto é a prisão'! 'Homem implacável' *(Como se experimentasse uma ameixa madura)* Huuuum! *(Faz mais algumas anotações).*

Uma Dama Encapuzada tateia o seu caminho, vinda do palácio, e vagueia pelo terraço, caminhando durante o sono.

DAMA – *(esfregando as mãos como se as estivesse lavando)* Sai, mancha maldita. Vais ficar toda desfigurada com esses cosméticos. Deus te deu um rosto; e tu agora queres fabricar outro. Pensa na tua sepultura, mulher, e não em como ficar sempre bela. Todos os perfumes da Arábia não conseguirão purificar-te a mão, a mão de um Tudor.

HOMEM – 'Todos os perfumes da Arábia'! 'Sempre bela'! 'Sempre bela'! Um poema em poucas palavras. Será que esta é a Mary? *(para a Dama)* Por que estás falando com uma voz estranha e declamando poesias pela primeira vez? Estás doente? Estás andando como um morto. Mary! Mary!

DAMA – *(fazendo eco à voz dele)* Mary! Mary! Quem poderia imaginar que esta mulher tivesse tanta coragem! Acaso é por minha culpa que meus conselheiros puseram feitos de sangue sobre mim? Nojo! Se eles fossem mulheres seriam mais inteligentes e não manchariam o chão com sangue, tão sordidamente. Então não levantai a cabeça dela, o cabelo é falso. Repito: Mary está enterrada e não pode fugir do túmulo. Mas eu não tenho medo dela. Esses gatos que se atrevem a saltar para cima de tronos, mesmo quando só servem para se aninhar sobre o colo dos homens, devem ser eliminados. O que está feito não pode ser desfeito. Para fora, estou dizendo. Nojo! Uma rainha... Sardenta!

HOMEM – *(sacudindo o braço dela)* Mary, estais dormindo?

A dama acorda; assusta-se e quase desmaia. Ele a segura nos braços.

DAMA – Onde estou? Quem és tu?

HOMEM – Peço-vos desculpas. Eu vos confundi por um instante. Pensei que fôsseis Mary, a minha amada.

DAMA – *(ultrajada)* Sujeito atrevido! Como ousas?

HOMEM – Não vos zangueis, senhora. A minha amada é uma pessoa maravilhosa e muito correta. Mas

ela não fala tão bem quanto vós. 'Todos os perfumes da Arábia'! Estava muito bom. Falastes com uma ótima pronúncia e com uma discrição espetacular.
DAMA – Eu estive aqui conversando contigo?
HOMEM – Bem, estivestes sim, cara senhora. Esquecestes?
DAMA – Eu caminho durante o sono.
HOMEM – Então fazei isso sempre, minha cara, porque vossas palavras pingam como pequenas gotas de mel.
DAMA – *(com fria majestade)* Sabes com quem estás falando, meu senhor? Como te atreves a te expressar assim, de modo tão ousado?
HOMEM – *(sem nenhum embaraço)* Nunca pensaria nisso. Pareceis uma dama da corte e, para mim, existem apenas dois tipos de mulheres: aquelas com vozes maravilhosas, suaves e doces, e as galinhas esganiçadas, incapazes de me fazer sonhar. A vossa voz é em tudo excepcionalmente adorável. Não me privai dessas poucas horas de sua música.
DAMA – O senhor está sendo muito atrevido. Tempera a tua admiração por um momento com...
HOMEM – *(levantando a mão para fazê-la parar)* 'Tempera a tua admiração por um momento...'
DAMA – Estás me arremedando?
HOMEM – Isto é música. Não conseguis ouvir? Quando um bom músico entoa uma canção, não a repetimos, muitas e muitas vezes até que tenhamos fixado a melodia dela de forma perfeita? 'Tempera a tua

admiração por um momento'. Deus! A história do coração humano está nesta única palavra: admiração! *(pega o bloco de notas)* Como era mesmo? 'Suspende a tua admiração por um instante...'

DAMA – O ritmo está horrível e cheio de esses. Eu disse: 'Tempera a tua...'

HOMEM – *(apressando-se)* Tempera, claro, tempera, tempera. Maldita memória. Minha memória é péssima! Por isso, tenho que anotar. *(Ele começa a tomar notas, mas para, não conseguindo se lembrar)* Qual era mesmo o ritmo horrível? Dissestes tão perfeitamente. Meus ouvidos ouviam enquanto minha língua imperfeita repetia. E agora...

DAMA – Tu disseste 'por um instante'. Eu disse 'por um momento'

HOMEM – 'Por um momento'. *(Ele corrige)* Muito bom! *(com ardor)* E agora, sede minha. Não vos quero por um instante nem por um momento, mas para todo o sempre.

DAMA – Por minha vida! Estás, por acaso, me fazendo uma declaração de amor, patife?

HOMEM – Não. Fostes vós quem declarastes o amor; eu apenas o derramei aos vossos pés. Não posso deixar de amar uma mulher que dá valor às palavras bonitas e adequadas. Por isso, concedei-me perfeição divina de mulher... não, eu já disse isso antes em algum outro lugar; e a vestimenta prolixa do meu amor por vós deve ser como um fogo novo...

DAMA – Falas demais, meu senhor. Deixa-me adverti-lo: estou mais acostumada a ser ouvida do que a ouvir pregações.

HOMEM – A maioria daqueles que falam bem estão acostumados com a mesma coisa. Mas mesmo que vos expresseis com a língua dos anjos, porque é isso o que fazeis, ficai sabendo que eu sou o rei das palavras...

DAMA – Um rei!

HOMEM – Nada menos que isso. Somos pobres criaturas, nós todos, eu, um homem e vós, uma mulher...

DAMA – Como te atreves a me chamar apenas de 'uma mulher'?

HOMEM – Com que outro nome mais nobre posso invocar-vos? De que outro modo vos posso amar? Mesmo que recuseis um nome como esse, eu já não disse que não somos nada, além de pobres criaturas? Mesmo assim, existe um poder que pode nos redimir.

DAMA – Obrigada pelo teu sermão. Espero que eu saiba quais são as minhas obrigações.

HOMEM – Isso não é um sermão, mas a verdade viva. O poder de que estou falando é o poder da poesia imortal. Porque sabendo que este mundo é horrível e que somos apenas vermes, não resta mais nada a fazer, a não ser revestir todo este horror com um manto mágico de palavras, capaz de nos transfigurar e elevar nossas almas para que a terra floresça em um milhão de céus.

DAMA – Tu corrompes o céu com o teu milhão. E és

muito extravagante. Deverias ser um pouco mais comedido nas palavras.

HOMEM – Agora falastes como o Ben.

DAMA – E quem é, em nome de Deus, esse Ben?

HOMEM – Um pedreiro instruído que pensa que o firmamento fica bem no topo da sua escada; e basta que eu o desafie quanto a isso para que me repreenda e me acuse de viver voando. Mas eu vos garanto que nenhuma palavra ainda foi cunhada, nenhuma melodia entoada que seja extravagante e majestosa o bastante para superar a glória que as palavras encantadoras são capazes de revelar. É uma heresia negar isso. Nunca vos ensinaram que no princípio era o Verbo? E que o Verbo estava com Deus? Não, que o Verbo era Deus?

DAMA – Toma cuidado, meu amigo. Não te atrevas a falar sobre coisas sagradas. A Rainha é a chefe da Igreja.

HOMEM – Sois vós a chefe da minha Igreja quando falais do jeito que falastes ainda há pouco. 'Todos os perfumes da Arábia'! A Rainha sabe falar assim? Dizem que ela toca muito bem o virginal. Então, deixai que ela toque pra mim; e eu beijarei as mãos dela. Mas, até lá, vós sois a minha Rainha e eu vou beijar esses lábios que destilaram música no meu coração. *(Ele coloca os braços em volta dela).*

DAMA – Desaforado miserável! Pela tua vida, tira as mãos de mim.

A Dama Negra avança curvada pelo terraço, atrás deles, como se fosse um tordo em disparada. Quando percebe com o que estão ocupados, ela se levanta completamente e, furiosa, escuta a conversa, enciumada.

HOMEM – *(sem perceber a presença da Dama Negra)* Então fazei com que minhas mãos parem de tremer com as torrentes de vida que fizestes desaguar dentro delas. Vós me atraís como a estrela polar atrai o ferro. Não posso fazer mais nada, a não ser me agarrar em vós. Estamos perdidos. Nada pode nos separar agora.

DAMA NEGRA – Isso é o que vamos ver, seu cachorro falso e mentiroso. Tu e essa ordinária imunda. *(Com dois socos vigorosos, ela separa o casal e arremessa para bem longe o homem que, sendo azarado e tendo recebido o soco da mão direita, foi parar estatelado sobre as bandeiras reais em um dos cantos do terraço).* Toma isto! E isto!

DAMA – *(no ápice da ira, retirando o capuz que a esconde e se voltando em sua majestade ultrajada contra a agressora)* Mas que alta traição!

DAMA NEGRA – *(reconhecendo a outra e se ajoelhando em um horror patético)* Will, estou perdida. Eu dei um soco na Rainha.

HOMEM – *(sentando-se tão majestosamente quanto sua posição ignominiosa o permite)* Mulher, deste um soco em WILLIAM SHAKESPEARE!!!!!!!

RAINHA ELIZABETH – *(estupenda)* Ora, compõe-te!!! Um soco em William Shakespeare, dizes! E em nome de todas as meretrizes, vagabundas, amantes frívolas e interesseiras baratas que infestam o meu palácio, quem é William Shakespeare?

DAMA NEGRA – Um mero escritor de peças, madame. Oh, eu poderia ter a minha mão decepada...

RAINHA ELIZABETH – Não tenhas dúvida de que a terás, senhorita. E a tua cabeça também.

DAMA NEGRA – Salva-me, Will. Oh, por favor, me salva.

ELIZABETH – Salvá-la! Pela minha palavra de rainha, é um salvador bem apropriado, este! E eu que pensei que este indivíduo aqui era, pelo menos, um escudeiro; porque eu sempre esperei que até mesmo as mais desprezíveis das minhas damas nunca desonrariam a minha Corte se oferecendo para um serviçal malnascido.

SHAKESPEARE – *(indignado, colocando-se de pé com dificuldade)* Malnascido! Eu, um Shakespeare de Stratford! Ah, não vos enxergais, madame.

ELIZABETH – *(furiosa)* O quê? O que foi que disseste? Vou te ensinar a ...

DAMA NEGRA – *(levantando-se e atirando-se entre os dois)* Will, pelo amor de Deus, não a deixes ainda mais furiosa. Isso é a morte. Madame, não lhe dê ouvidos.

SHAKESPEARE – Nem que fosse para salvar a tua vida, Mary, e muito menos a minha, eu vou adular uma monarca que se esquece das honrarias que deve prestar à minha família. Não nego que meu pai foi derrubado até se tornar um homem pobre e falido. A culpa foi do seu sangue gentil que era demasiado generoso para os negócios. Ele nunca negou as suas dívidas. É verdade que também nunca as pagou; mas é um fato comprovado que forneceu promissórias em troca delas; a perdição dele foi colocar essas promissórias nas mãos de deploráveis vendedores ambulantes.

ELIZABETH – *(implacavelmente)* Tu, o filho de um pai como esse deves saber qual é o teu lugar na presença da filha de Henrique VIII.

SHAKESPEARE – *(excedendo-se intolerantemente em sua importância)* Não mencioneis o nome desse homem depravado junto com o do mais valoroso dos conselheiros de Stratford. John Shakespeare casou-se apenas uma vez. Harry Tudor foi casado seis vezes. Deveríeis sentir-vos envergonhada em pronunciar o nome dele.

DAMA NEGRA – *(implorando)* Will, pelo amor de Deus...

ELIZABETH – *(falando ao mesmo tempo que a Dama Negra)* Cachorro insolente...

SHAKESPEARE – *(interrompendo-as)* Como é que sabeis que o rei Harry era mesmo vosso pai?

ELIZABETH – Pelas chagas de Cristo, eu vou... *(ela range os dentes de raiva)*

DAMA NEGRA – *(falando ao mesmo tempo que a rainha)* Ela vai mandar que me açoitem pelas ruas. Oh, Deus! Oh, meu Deus!

SHAKESPEARE – Aprendei a vos conhecer melhor, ma-

dame. Eu sou um cavalheiro honesto de ascendência inquestionável. Já submeti o meu pedido para obter o brasão de nossa família, que está legalmente constituída. Poderíeis dizer a mesma coisa sobre a vossa?
ELIZABETH – *(praticamente fora de si)* Mais uma palavra e eu vou começar com minhas próprias mãos o trabalho que o carrasco vai terminar.
SHAKESPEARE – Não sois uma Tudor de verdade. Esse estrupício aqui possui os mesmos direitos que os vossos de ocupar o vosso assento real. O que vos mantém no trono da Inglaterra? É a vossa renomada presença de espírito? Vossa sabedoria em estabelecer coisa alguma com os mais habilidosos estadistas do mundo cristão? Não. É simplesmente o mero acaso que podia muito bem ter acontecido a uma camponesa, o capricho da natureza que fez de vós a beleza mais espetacular que esta Era já viu. *(Os punhos levantados de Elizabeth, prestes a cair sobre ele, voltam à posição de repouso junto ao corpo dela.)* É isto o que faz com que homens caiam aos vossos pés; é isto o que funda o vosso trono sobre a rocha impenetrável do vosso coração arrogante, uma ilha rochosa em um mar de desejos. Esta é a verdade mais completa e direta que alguém já vos falou, madame. Agora fazei de mim o que bem entenderdes.
ELIZABETH – *(com dignidade)* Mestre Shakespeare, tens sorte que eu seja um príncipe misericordioso. Vou fazer uma concessão para a tua ignorância gros-

seira. Mas deves lembrar-te de que existem coisas sobre as quais não devemos comentar em voz alta, mesmo que sejam verdadeiras. Nunca devem ser mencionadas – eu não diria na frente de uma rainha, porque vais dizer que eu não sou – mas na frente de uma virgem.

SHAKESPEARE – *(sem rodeios)* Não é por minha culpa que ainda sejais virgem, madame; se bem que é um desespero, para mim, saber que ainda o sois.

DAMA NEGRA – *(novamente aterrorizada)* Por misericórdia, madame, não leveis adiante esta conversa. Ele sempre tem uma piadinha obscena na ponta da língua. Vistes como ele me usou! Chamando-me de estrupício e outras indecências... e na presença de Vossa Majestade.

ELIZABETH – Quanto a ti, senhorita, ainda preciso interrogar-te sobre os motivos que te trazem aqui a estas horas e por que estás tão preocupada com este escritor de peças a ponto de cegamente esmurrar a tua soberana por causa do ciúme doentio que sentes por ele.

DAMA NEGRA – Madame! Por minha vida e pela esperança que tenho na minha salvação...

ELIZABETH – *(sarcasticamente)* Ah!

DAMA NEGRA – *(com irritação)* ... ai, tenho o direito de ser salva tanto quanto vós que não acreditais em nada, a não ser em magia negra, ou em palavras e versos... Vou dizer-vos uma coisa, madame: eu sou mulher, e estou viva, e vim aqui para terminar as minhas relações com este sujeito para sempre. Oh, madame, se soubésseis o tormento que é ouvir este homem que é mais do que um homem e é menos do que isso ao mesmo tempo. Ele faz de nós uma presa, disseca-nos a alma, torce as lágrimas de sangue de quem humilha e, depois, cura as feridas com galanteios a que nenhuma mulher é capaz de resistir.

SHAKESPEARE – Galanteios! *(ajoelhando-se)* Oh, madame, coloco o meu caso diante da realeza dos vossos pés. Eu confesso tudo. Tenho uma língua grosseira e sou mal-educado. Blasfemo contra a santidade da realeza ungida, mas, oh, minha senhora real, eu SOU um galanteador?

ELIZABETH – Eu te absolvo quanto a isso. És um simples mercador sem qualquer atrativo que possa me interessar. *(Ele levanta-se agradecido).*

DAMA NEGRA – Madame, ele faz galanteios até mesmo quando está apenas conversando.

ELIZABETH – *(com um lampejo terrível nos olhos)* Ah! Tu crês?

SHAKESPEARE – Madame, ela está com ciúmes; e que o céu me proteja! Com razão. Vós dissestes ser um príncipe misericordioso, mas foi muito cruel da vossa parte esconder a dignidade real quando me encontrou aqui. Por que, como vou poder agora me sentir satisfeito outra vez com este demônio de cabelos negros, de olhos negros e pele escura depois de ter-me deparado com a vossa beleza real?

DAMA NEGRA – *(ferida e desesperada)* Ele me jurou mais de dez vezes que chegaria o dia na Inglaterra em que as mulheres negras, apesar de toda a imundície delas, receberiam mais atenção do que as mulheres brancas. *(para Shakespeare em tom de repreensão)* Diz que estou mentindo, se fores capaz. Oh, ele é um repositório de mentiras e escárnios. Estou cansada de ser arremessada para os céus e depois arrastada para os infernos a cada nova mudança de seus caprichos. Estou envergonhada até o âmago da minha alma por ter me rebaixado a ponto de amar alguém que meu pai não teria considerado digno de sequer segurar o estribo da minha sela... alguém que vai falar para o mundo inteiro sobre mim... que vai colocar o meu amor e a minha vergonha em suas peças e me fazer corar por causa disso... que vai escrever sonetos sobre mim nos quais nenhum homem de conduta honesta vai se dignar a colocar as mãos. Estou completamente perturbada. Não sei o que estou dizendo para Vossa Majestade. Sou a mais infeliz e miserável de todas as mulheres...

SHAKESPEARE – Ah! Até que enfim o infortúnio fez com que uma nota musical brotasse do teu peito.

'Sou a mais infeliz e miserável de todas as mulheres'. *(Ele toma nota desta frase)*.
DAMA NEGRA – Madame, imploro que me permitais sair daqui. Estou desorientada de tanta mágoa e vergonha. Eu...
ELIZABETH – Vai. *(a Dama Negra tenta beijar-lhe a mão)* Agora, para com isso. Vai. *(A Dama Negra sai se contorcendo)* Foste muito cruel com esta pobre coitada, Mestre Shakespeare.
SHAKESPEARE – Não sou cruel, madame; conheceis a fábula de Júpiter e Sêmele. Não posso evitar que os meus raios a fulminem.
ELIZABETH – Possuis um conceito exagerado sobre ti mesmo, caro senhor, e que desagrada a tua Rainha.
SHAKESPEARE – Oh, madame, respondei-me: eu posso prosseguir com a tosse modesta de um poeta menor, diminuindo a minha inspiração e fazendo com que a maravilha mais extraordinária do vosso reino se transforme em coisa nenhuma? Eu já disse uma vez que 'nem os monumentos de mármore ou de ouro de todos os príncipes viverão mais' do que as palavras que emprego para criar um mundo glorioso ou ridículo, conforme a minha vontade. Além disso, gostaria de pensar que me considerais grande o bastante para me conceder um benefício.
ELIZABETH – Só espero que seja um benefício que possa ser solicitado a uma Rainha virgem, sem

que isso a ofenda. Mas eu desconfio dessa solicitude; e peço que te lembres de que não tenho muita paciência com pessoas da tua estirpe (se é que posso dizer isso sem ofender o teu pai, o conselheiro); pessoas que fazem muitas suposições.

SHAKESPEARE – Oh, madame, sei que não devo perder a cabeça outra vez, embora, por minha vida, pudesse eu vos transformar em minha criada e amante... e não seríeis mais nem virgem, nem rainha por um tempo maior do que os instantes que o lampejo de um raio demora para cruzar o rio de uma margem a outra. Mas já que sois uma rainha e não ides querer-me, nem querer o Filipe da Espanha, nem outro mortal qualquer, devo então me conter, o máximo possível, e pedir-vos apenas um benefício de Estado.

ELIZABETH – Um benefício de Estado! Estás te transformando em um cortesão, como todos os outros. Falta-te compostura.

SHAKESPEARE – 'Falta-te compostura'. Com a permissão de Vossa Majestade, esta é uma frase soberana. *(Ele se propõe a anotá-la em seu bloco de notas).*

ELIZABETH – *(derrubando o bloco das mãos dele)* Estas tuas anotações estão começando a me enfurecer. Eu não estou aqui para escrever as tuas peças no teu lugar.

SHAKESPEARE – Estais aqui para inspirá-las, madame. Por esse motivo, entre muitos outros, é que fostes coroada. Mas o benefício que vos peço é que façais uma doação para a construção de uma grande casa de espetáculos; ou, se me concederdes a audácia de cunhar uma palavra acadêmica para ela, um Teatro Nacional, para que possam ser mais bem instruídos e agraciados os súditos de Vossa Majestade.

ELIZABETH – Mas já não existem teatros suficientes em Bankside e em Blackfriars?

SHAKESPEARE – Madame, esses são para as aventuras de homens necessitados e desesperados que precisam, para que não morram de fome, dar, para o tipo mais estúpido de gente, o que ela mais gosta de ver; e o que essa gente mais gosta de ver, só Deus sabe, e isso não tem relação alguma com o aprimoramento de seus conhecimentos. Podemos ver isso muito bem pelo exemplo dado pelas igrejas que precisam coagir as pessoas a frequentá-las, mesmo que estejam abertas gratuitamente para que todo mundo possa entrar. Somente quando existe um caso de assassinato, uma intriga, uma vadia praticamente pelada se insinuando para os espectadores ou alguma história sórdida de libertinagem, os súditos de Vossa Majestade se dispõem a pagar os altos custos de bons intérpretes e os figurinos suntuosos deles, com o benefício extra de um possível lucro. Para provar o que estou dizendo, vou apenas vos contar que escrevi duas peças excelentes e muito nobres, nas quais demonstro o progresso obtido por mulheres de caráter elevado em atividades lucrativas, como é o caso de Vossa Majestade. Uma delas é uma médica habilidosa e a outra uma irmã devotada a trabalhos beneficentes. Tive também que roubar, de um livro fútil de contos libertinos, duas das idiotices mais pavorosas do mundo. Em uma delas, uma mulher se veste de homem e declara o seu amor despudorado ao seu amado, que agradece ao cumprimento com uma enxurrada de murros; na outra, uma mulher de temperamento parecido demonstra a sua inteligência dizendo impropérios intermináveis e indecentes para um cavalheiro tão obsceno quanto ela. Eu escrevi essas peças para salvar os meus amigos da penúria completa, mas fiz questão de demonstrar o meu desprezo por essas tolices e por aqueles que as aplaudem intitulando uma delas de *Como gostais* (veja bem que não é como *Eu gosto*), e a outra, *Muito barulho por nada*, o que verdadeiramente ela é. E agora essas duas idiotices impedem que peças mais nobres ganhem os palcos, onde absolutamente não consigo ver a minha médica majestosa sendo representada, só porque ela é uma mulher honesta demais para o gosto desta cidade. Por causa disso, humildemente imploro a Vossa Majestade que mandeis construir um tetro com recursos públicos para que nele sejam representadas aquelas peças que escrevo e que não vão interessar a nenhum comerciante, visto que os ganhos deles são muito maiores com o que existe de pior do que com o que existe de melhor. Além disso, também ireis encorajar outros cidadãos para que se comprometam a escrever peças para aqueles que atualmente desprezam essa atividade e deixam tudo a cargo de pessoas cujos conselhos são de pouco proveito para o Reino. Porque essa atividade de escrever peças é uma questão de suma importância, formadora, como ela é, das mentes e das afeições dos homens, a tal ponto que tudo o que eles veem sendo feito e mostrado no palco, irão prontamente imitar com grande seriedade ao longo das idades em que permanecerão neste mundo, que não é nada mais do que um teatro um pouco maior. Até recentemente, como vós sabeis, a Igreja educava as pessoas por meio de peças; mas elas só compareciam aos espetáculos porque estavam cheios de superstições e martírios sangrentos; a Igreja então, que só naquele momento teve os seus limites demarcados pela política do soberano pai de Vossa Majestade, abandonou e dificultou a arte do teatro. E, assim, o teatro caiu nas mãos de intérpretes incompetentes e comerciantes gananciosos que estão mais preocupados com os bolsos do que com a grandeza do Reino. Por isso, deveis agora retomar aquele belo trabalho que a vossa Igreja abandonou, e devolver a arte do teatro à antiga finalidade e dignidade que possuía.

ELIZABETH – Mestre Shakespeare, vou falar sobre esse assunto com o Lorde Tesoureiro.

SHAKESPEARE – Então estou perdido, madame, porque até hoje nunca existiu um Lorde Tesoureiro que dissesse que existe um centavo sequer para qualquer outra coisa que não sejam os gastos absolutamente necessários com o governo, ou as despesas de alguma guerra ou o aumento de salário de um dos próprios sobrinhos.

ELIZABETH – Mestre Shakespeare, tu falas bonito, mas eu não posso, em sã consciência, fazer nada para remediar isso. Não me atrevo a ofender os meus Puritanos desobedientes, transformando em uma causa pública a construção de um recinto para obscenidades. Existem milhares de coisas para serem feitas em Londres antes que a poesia que escreves possa obter um centavo sequer do orçamento geral. Vou te dizer uma coisa, Mestre Will: trezentos anos ou mais irão se passar, até que os meus súditos aprendam que o homem não vive apenas de pão, mas também de cada palavra que sai da boca daqueles que foram inspirados por Deus. Nessa época, já teremos virado poeira sob os cascos dos cavalos, se é que ainda haverá cavalos e os homens ainda estarão montados neles, em vez de estarem voando. Pode ser que, até lá, as tuas obras também já tenham se transformado em pó.

SHAKESPEARE – Elas irão permanecer, madame. Não tenhais dúvida quanto a isso.

ELIZABETH – É o que vamos ver. Mas, de uma coisa tenho certeza, porque conheço os meus súditos: até que cada um dos outros países do mundo cristão, sejam os moscovitas selvagens ou as aldeias de alemães ignorantes, comece a defender uma casa de espetáculos como uma causa pública, a Inglaterra jamais irá aventurar-se em um negócio como esse. E, quando os outros países tiverem feito isso, ela só irá imitá-los em virtude do desejo de estar sempre na moda e fazer, de modo submisso e obediente, o que vê todos os outros fazendo. Nesse meio tempo, deves te contentar, o melhor que puder, em apresentar essas duas peças, que tu mesmo confessaste serem as mais horrorosas que já foram escritas, mas que os teus conterrâneos, eu te garanto, irão jurar que são as melhores que foste capaz de produzir. Mas devo dizer-te também que, se eu pudesse falar através do tempo para os nossos descendentes, eu sinceramente recomendaria que eles satisfizessem o teu desejo; porque o trovador escocês uma vez afirmou muito bem que aquele que faz as canções de uma nação é mais poderoso do que aquele que faz as leis dela; e o mesmo pode ser dito com relação a peças e interlúdios. *(O relógio toca o primeiro quarto de hora. A sentinela retorna para a sua ronda)* E agora, meu caro, já está na hora em que seria mais apropriado a uma rainha virgem estar na cama do que conversando a sós com o mais obsceno dos seus súditos. *(para a sentinela)* Ei, tu! Quem é que está na guarda dos aposentos da Rainha esta noite?

SENTINELA – Sou eu... Mas se não é do agrado de Vossa Majestade...

ELIZABETH – Vê se consegues fazer melhor da próxima vez. Deixaste passar o mais perigoso dos galanteadores, e ele alcançou as portas do meu aposento real. Leva-o para fora; e vem me informar quando ele já estiver bem longe daqui e todas as entradas já tiverem sido devidamente trancadas; porque não vou sequer pensar em me despir antes que os portões do palácio estejam nos separando.

SHAKESPEARE – *(beijando-lhe as mãos)* O meu corpo cruzará os portões para dentro da escuridão; mas os meus pensamentos permanecerão convosco, madame.

ELIZABETH – Pois muito bem! Vou dormir agora.

SHAKESPEARE – Não, madame. Não sem antes fazer as vossas orações. E eu imploro para que não

vos esqueçais de incluir o meu teatro entre elas.
ELIZABETH – Esta é a minha oração para a posteridade. Não te esqueças de fazer as tuas próprias orações, Mestre Will, e de encomendar a tua alma a Deus. Tem uma boa noite.
SHAKESPEARE – Boa noite, grande Elizabeth. E que Deus guarde a Rainha!
ELIZABETH – Amém.

Saem de forma determinada; ela para seus aposentos e ele, sob a custódia da sentinela, para o portão que se encontra mais próximo de Blackfriars.

PERSONAGENS
Recruta Dennis O'Flaherty, V. C.
General Sir Pearce Madigan
Sra. O'Flaherty
Teresa Driscoll

TEMPO
O verão de 1915

LUGAR
Exterior da casa de campo de Sir Pearce Madigan, na Irlanda

(PUBLICADO PELA PRIMEIRA VEZ EM NOVA YORK EM 1917, E NA INGLATERRA EM 1919)

O RECRUTA DENNIS (O'Flaherty V. C.)
UM PANFLETO DE RECRUTAMENTO
(1915)

A ação se passa à porta de uma casa de campo em um parque, na Irlanda. Um verão de clima agradável: o verão de 1915. O pórtico, pintado de branco, projeta-se sobre a estrada que dá acesso à residência; só que a porta se encontra em uma das laterais da casa porque, à frente, existe apenas uma janela. O pórtico está voltado para o leste e a porta posicionada mais para o norte. Do lado sul vê-se uma árvore, sobre a qual um tordo está cantando. Sob a janela existe um banco de jardim com uma cadeira de ferro colocada em cada um dos seus extremos.

Os últimos quatro compassos de God Saves the King *(Deus guarde o Rei) são ouvidos à distância, seguidos por três vivas. Logo em seguida, a banda começa a tocar* It's a Long Way to Tipperary *(É um longo caminho até Tipperary) e se afasta até que não se possa mais ouvi-la.*

O recruta Dennis O'Flaherty V. C. entra fatigado pela estrada, vindo do sul, e senta-se exausto sobre o banco de jardim. O tordo emite uma nota de alarme e foge voando. Ouve-se o tropel de um cavalo.

VOZ DE UM CAVALHEIRO – Tim! Olá! Tim! *(Ouve-se o barulho que ele faz para desmontar).*
VOZ DE UM EMPREGADO – Aqui estou, meu senhor.
VOZ DO CAVALHEIRO – Leve este cavalo para o estábulo.
VOZ DO EMPREGADO – Sim senhor. Oooh, vamos, oooh. *(O cavalo é levado para longe)*

O General Sir Pearce Madigan, um velho barão vestido de cáqui, entra irradiando entusiasmo. O'Flaherty levanta-se e se coloca em posição de sentido.
SIR PEARCE – Nada disso, O'Flaherty. Agora já chega. Você está fora de serviço. E lembre-se que, mesmo que eu seja um general com quarenta anos de experiência, esta pequenina Cruz de Ferro que você recebeu o coloca numa posição muito mais alta nos anais da glória do que eu porventura poderia almejar.
DENNIS – *(relaxando)* Sou muito grato, Sir Pearce; só não quero que pensem que o senhor, um barão, de quem tenho a honra de ser conterrâneo, deixou que um soldado ordinário como eu se sentasse sem que antes tivesse recebido permissão para isso.
SIR PEARCE – Mas você não é mais um soldado ordinário. Você é um soldado extraordinário; e eu estou orgulhoso de tê-lo aqui hoje como meu convidado.
DENNIS – Ah, claro, eu sei. O senhor tem que aguen-

tar uma porção de gente como eu por conta do recrutamento. Tudo quanto é graduado aperta a minha mão agora e diz que está orgulhoso de mim, do mesmo jeito que fez o rei quando espetou a Cruz no meu peito. E, juro que é verdade, como estou vivo, que a rainha me falou: "ouvi dizer que você nasceu na mesma propriedade que o General Madigan, e ele me disse que você sempre foi um bom rapaz". "É isso mesmo, madame", eu disse pra ela, "se o General soubesse quantos coelhos eu cacei às custas dele, quantos salmões pesquei sem que ele soubesse e quanto leite roubei de suas vacas, ele acharia que não existe cafajeste mais apropriado para mofar pelo resto da vida na prisão local por ter invadido a propriedade alheia".

SIR PEARCE – *(rindo)* Você pode dispor do que quiser, meu rapaz. Venha! *(ele o faz sentar-se novamente sobre o banco do jardim)* Sente-se e aproveite as férias. *(Ele senta-se em uma das cadeiras de ferro, a que se encontra do lado do pórtico que não possui portas).*

DENNIS – Férias? Eu daria todo o dinheiro do mundo para voltar às trincheiras e ter um pouquinho de paz e sossego. Eu não sabia o que era trabalho duro até começar com este negócio de recrutamento. Tenho que ficar em pé o dia inteiro, apertando uma mão depois da outra, discursando e – o que é pior – tenho que ficar escutando toda essa gente e pedir para que gritem vivas para o nosso rei e o nosso país; e ainda tenho que saudar a bandeira até ficar com torcicolo e ouvir essa gente cantando "Deus guarde o Rei" e "É um longo caminho até Tipperary"; e, se isso ainda não bastasse, preciso estar sempre com os olhos marejados de emoção como se eu fosse uma fotografia. Eu lhe garanto que não existe tempo nem mesmo para uma soneca. Dou-lhe minha palavra de honra, Sir Pearce, que eu nunca tinha ouvido essa canção de Tipperary na minha vida antes até que retornasse de Flandres; e já estou tão cheio dela que, quando, numa noite dessas, um pobre garoto inocente parou, fez continência para mim e começou a assobiar a dita cuja, eu não tive dúvida e lasquei um cascudo na cabeça dele. Que Deus me perdoe!

SIR PEARCE – *(tranquilamente)* Sim, sim, claro, eu sei. Uma pessoa pode ficar cheia... Eu mesmo me senti muitas vezes cansado como um cachorro perdigueiro em alguns desfiles oficiais; ainda assim, existe também o lado gratificante. Afinal de contas, ele é o nosso rei e este é o nosso país.

DENNIS – Bem, para o senhor que possui uma propriedade, pode ser que isto se pareça com o seu país. Mas pra mim que nunca fui dono de nada, nem de um poleiro de galinheiro... E quanto ao rei, que Deus o proteja, minha mãe vai arrancar a pele das minhas costas se algum dia eu disser que tenho qualquer outro rei que não seja Parnell.

SIR PEARCE – *(levantando-se, profundamente choca-*

do) Sua mãe! Do que você está falando O'Flaherty? A mais leal de todas as mulheres. Extremamente fiel à coroa. Sempre que um membro da família real está adoentado, ela me pergunta sobre a saúde do doente todas as vezes que nos encontramos, e com tanto interesse que até parece estar falando de você, seu próprio filho.

DENNIS – Bem, ela é minha mãe; e não vou falar mal dela. Mas não minto para o senhor se disser que essa velha é o maior canalha que uma pessoa pode encontrar no caminho, daqui até o cruzamento de Monasterboice. Ela é o rebelde nacionalista mais desatinado que existe na face da terra. Sempre foi. Sempre ensinou aos pobres garotos inocentes, como eu, a rezar noite e dia a São Patrício para que expulsasse os ingleses da Irlanda do mesmo jeito que expulsou as serpentes. Talvez o senhor esteja surpreso com o que estou lhe dizendo, Sir Pearce.

SIR PEARCE – *(incapaz de se manter parado e afastando-se de O'Flaherty)* Surpreso! Eu estou mais do que surpreso, O'Flaherty. Estou chocado. *(Voltando-se para encará-lo)* É... isso é uma piada, não é?

DENNIS – Se o senhor tivesse sido criado pela minha mãe, saberia muito mais coisas do que simplesmente contar piadas sobre ela. O que estou lhe dizendo é a mais pura verdade. Eu não teria lhe dito isso se soubesse como é que vou me livrar dos apuros em que estarei daqui a pouco quando minha mãe chegar para ver o filho em sua glória... Só que ela está pensando que é contra os ingleses que eu estive lutando esse tempo todo.

SIR PEARCE – Você está me dizendo que contou uma mentira monstruosa como essa para sua mãe? Você disse para ela que estava lutando a favor do exército alemão?

DENNIS – Eu nunca disse a ela nenhuma palavra que não fosse a mais pura verdade. Eu disse que estava indo lutar a favor dos franceses e dos russos. E o senhor há de concordar: quem é que já ouviu falar que os franceses e os russos estivessem fazendo qualquer outra coisa com os ingleses que não fosse estar em guerra contra eles? E foi isso que aconteceu, senhor. Claro que a velha, coitada, me beijou e pulou pela casa inteira, cantando com voz de taquara rachada que os franceses já estavam na baía e que chegariam aqui sem demora para acabar com todos os defensores e partidários do rei.

SIR PEARCE – *(sentando-se novamente, extenuado pelos seus sentimentos)* Muito bem, eu jamais poderia ter acreditado em uma coisa dessas. Jamais. O que você acha que vai acontecer quando ela souber a verdade?

DENNIS – Ela não deve saber. Não é que ela vá me matar por causa disso, porque eu sou grande e forte para impedir que isso aconteça. É que eu gosto muito da minha mãe e não quero despedaçar o coração dela. O senhor pode achar esquisito que um homem goste tanto assim da própria mãe. É que ela sempre apostou em mim desde o tempo em que conseguia me controlar até o momento em que ficou lenta demais para me alcançar; mas eu gosto muito dela e não tenho vergonha de dizer isso. Afinal de contas, não foi ela quem ganhou esta Cruz de Ferro por mim?

SIR PEARCE – A sua mãe! Como assim?

DENNIS – Ela me educou para ter mais medo de fugir do que de lutar. Eu era tímido por natureza; e quando os outros garotos me machucavam, tudo que eu queria fazer era fugir e chorar. Mas ela me espancou tanto por ter envergonhado o sangue dos O'Flahertys que eu, um belo dia, me dei conta que era preferível lutar contra o próprio demônio do que ter que enfrentá-la depois de ter fugido de uma briga. E foi assim que eu descobri que lutar era mais fácil do que parecia, que os outros sentiam tanto medo de mim quanto eu deles e que, se eu aguentasse por um tempo, eles poderiam perder a força e desistir. Foi desse jeito que me tornei um homem tão corajoso. Vou lhe dizer uma coisa, Sir Pearce: Se o exército alemão tivesse sido educado pela minha mãe, o Kaiser estaria neste momento se banqueteando na sala de jantar do Palácio de Buckingham e o Rei Jorge estaria engraxando os coturnos dele na despensa.

SIR PEARCE – Não gosto nada disso, O'Flaherty. Você não pode continuar enganando sua mãe desse jeito. Isso não está certo.

DENNIS – Não posso continuar enganando-a desse jeito? O senhor sabe muito pouco do que o amor de um filho é capaz de fazer. O senhor ainda não se deu conta do completo mentiroso que eu sou?

SIR PEARCE – Bem, eu concordo que neste trabalho de recrutamento um homem, às vezes, precisa exagerar um pouco as coisas. Eu mesmo já me vi, de vez em quando, modificando isto e aquilo. Mas o que não somos capazes de fazer em nome da pátria e do Rei! Agora, se você não se importar com o meu comentário, eu acho que aquela história em que você derrota o Kaiser e os doze gigantes da guarda prussiana com uma única mão ficaria bem melhor se a intensidade das cores fosse diminuída, pelo menos um pouquinho. Não estou dizendo que você pare de contá-la, não é isso, porque ela é muito popular, sem dúvida alguma. Mas, ainda assim, a verdade é sempre a verdade. Você não acha que com uma história dessas, a quantidade de recrutas interessados em se juntar à nossa causa seria praticamente a mesma se o número dos gigantes da guarda fosse reduzido para seis?

DENNIS – O senhor não está acostumado a contar tantas mentiras quanto eu. Peguei prática nisso lá em casa, com a minha mãe. Eu tinha que salvar a pele quando era jovem e desmiolado; e, quando fiquei mais velho, queria poupar os sentimentos dela porque eu já entendia o que isso significava. Não me lembro de ter dito a verdade pra minha mãe mais do que duas vezes por ano, desde o dia em que nasci; e o senhor agora quer que eu me volte contra ela, conte-lhe toda a verdade, quando tudo o que a velha espera nesta altura da vida é um pouco de paz e sossego?

SIR PEARCE – *(preocupado com a consciência)* Bem, eu sei que não tenho nada que ver com isso, mas não seria melhor que você fosse falar com o Padre Quinlan sobre o assunto?

DENNIS – Falar com o Padre Quinlan! O senhor sabe o que ele me disse esta manhã?

SIR PEARCE – Ah, então você já o encontrou! O que foi que ele disse?

DENNIS – "Você sabe, não é mesmo, que é o seu dever como cristão e filho legítimo da Igreja Católica amar os seus inimigos?" "Como soldado, eu sei que é meu dever matar todos eles, padre", eu disse. E ele respondeu: "Está certo, Dennis, está certo, mas depois de matá-los você pode fazer algo de bom pelos pobres inocentes mostrando o amor imenso que sente por eles. É seu dever mandar rezar uma missa para cada uma das almas dos milhares de alemães que você me confessou ter matado... Muitos e muitos entre eles eram bons católicos da Baviária". "E sou eu que devo pagar pelas missas para as almas dos pobres coitados?", perguntei. "Deixe que o Rei da Inglaterra pague por elas, já que a briga é dele e não minha".

SIR PEARCE – *(ternamente)* Essa é uma briga de todo homem honesto e de todos os verdadeiros patriotas,

O'Flaherty. E a sua mãe deve enxergar isso tão nitidamente quanto eu. Afinal de contas, ela é uma mulher razoável, bem disposta e perfeitamente capaz de diferenciar o certo do errado em uma luta armada. Por que você não explica pra ela do que se trata a guerra?

DENNIS – Ora, senhor, e como diabos vou saber do que se trata a guerra?

SIR PEARCE – *(levantando-se novamente e avançando para cima dele)* O quê! Mas o que você está me dizendo? Você senta-se aqui, ostentando a Cruz da Rainha Vitória no peito por ter matado só Deus sabe quantos alemães, e me diz que não sabe por que fez isso!

DENNIS – Queira me desculpar, Sir Pearce, mas não foi isso que eu lhe disse. Sei muito bem por que matei os alemães. Eu os matei porque estava com medo de que eles me matassem, caso eu não fizesse isso primeiro.

SIR PEARCE – *(cedendo e voltando a se sentar)* Claro, claro, eu sei, mas você não tem nenhum conhecimento sobre as causas da guerra? Dos interesses que estão em jogo? Da importância... eu quase deveria dizer... na verdade, vou dizer... dos direitos sagrados pelos quais estamos brigando? Você não lê os jornais?

DENNIS – Leio. Sempre que eles chegam às minhas mãos. Não existem muitos jornaleiros oferecendo jornais nas trincheiras, Sir Pearce. Mas comenta-se que nunca vamos derrotar os alemães até que transformemos Horatio Bottomley no Lorde Tenente da Inglaterra. O que o senhor acha disso?

SIR PEARCE – Bobagens, meu rapaz! Não existem Lordes Tenentes na Inglaterra. Trata-se apenas de uma questão de patriotismo. E por falar nisso, O'Flaherty, essa palavra também não significa nada para você?

DENNIS – Significa para mim algo muito diferente do que significa para o senhor. Para o senhor, isso quer dizer a Inglaterra e o Rei da Inglaterra. Para mim e gente da minha laia, é o mesmo que falar dos ingleses exatamente do jeito que eles falam dos alemães nos jornais. E qual foi o bem que isso já trouxe aqui para a Irlanda? O patriotismo me manteve um ignorante porque encheu a cabeça da minha mãe e ela esperava que enchesse a minha também. O patriotismo manteve a Irlanda pobre porque, em vez de tentarmos nos aprimorar como seres humanos, achávamos que éramos camaradas patriotas extraordinários quando estávamos falando mal dos ingleses, que são tão pobres como nós e, possivelmente, tão bons quanto qualquer outra gente. Os alemães que eu matei talvez fossem homens mais inteligentes e respeitáveis do que eu. E eu me tornei uma pessoa melhor agora que os matei? Qualquer outro soldado se tornou melhor por causa disso?

SIR PEARCE – *(ofendido e mostrando sinais de indiferença)* Lamento profundamente que a experiência terrível desta guerra – a maior de que já se teve notícia – não tenha lhe ensinado nada melhor do que isso, O'Flaherty.

DENNIS – *(mantendo a dignidade)* Não saberia dizer se esta é uma grande guerra, senhor. É, sem dúvida, uma guerra enorme; mas isso não é exatamente a mesma coisa. A nova igreja do Padre Quinlan é uma igreja enorme. A velha capela que permanece lá no meio poderia ser removida e ninguém daria falta dela. Mas minha mãe diz que existe muito mais verdade na religião que está dentro da velha capela. A guerra me ensinou que talvez ela tenha razão.

SIR PEARCE – *(resmungando amuado)* !!

DENNIS – *(respeitosamente, mas com determinação)* Há outra coisa que a guerra também me ensinou, e que diz respeito a mim e ao senhor, se é que posso tomar a liberdade de lhe dizer isso.

SIR PEARCE – *(ainda amuado)* Espero realmente que não seja nada que não deva ser dito na minha presença, O'Flaherty.

DENNIS – É só que eu posso me sentar aqui e conversar com o senhor sem ter que enganá-lo, coisa que nenhum dos seus tenentes ou dos filhos dos seus tenentes jamais ousou fazer antes na vida. É um respeito verdadeiro que, finalmente, posso demonstrar pela sua pessoa. Talvez o senhor preferisse que eu o enganasse e lhe dissesse as minhas mentiras de sempre, como faço com os rapazes daqui, que Deus os proteja. Em vez de almejarem saber a verdade, preferem que eu lhes conte como lutei contra o Kaiser, que todo mundo sabe, eu nunca vi na minha vida.

Mas eu não posso tirar vantagem do senhor do mesmo jeito que estou acostumado a fazer com as outras pessoas, nem mesmo se parecesse que não lhe falto com o respeito ou que não causo a menor confusão só por ter ganhado a Cruz da rainha.

SIR PEARCE – *(comovido)* Tudo bem, O'Flaherty. Tudo bem.

DENNIS – Mas o que esta Cruz representa pra mim, senão o bloqueio da pensão minúscula que a guerra deveria proporcionar-me? O senhor pensa que eu não sei que existem centenas de homens tão valentes quanto eu e que nunca tiveram a sorte de receber nada pela valentia, a não ser xingamentos histéricos de seus sargentos que colocam a culpa de seus erros neles, quando deveriam ser os primeiros a dar o exemplo de boa conduta? Eu aprendi com a guerra muito mais coisas do que o senhor imagina; porque como é que um cavalheiro da sua estirpe pode saber que miserável criatura presunçosa e ignorante eu era quando saí daqui como um soldado para enfrentar a vastidão do mundo? De que adiantam todas as mentiras, os fingimentos, as enganações e revelações bombásticas, quando chega o dia em que você encontra o seu colega morto na trincheira, bem ao seu lado, e nem percebe a presença dele até que tropeça no seu corpo quase decomposto? E aí só o que você quer saber é por que diabos os carregadores de macas não o removeram do meio do caminho?

Por que eu deveria ler os jornais para ser enganado e ludibriado por aqueles que tiveram a esperteza de ficar em casa e me mandar para lutar no lugar deles? Não tente me convencer e nem a nenhum outro soldado de que a guerra é justa. Nenhuma guerra é justa; e toda a água benta que o Padre Quinlan usa para abençoar não seria capaz de tornar uma guerra justa. Aí está. Agora o senhor já sabe o que eu penso e ficou um pouco mais instruído do que os outros que conhecem apenas o que eu fiz.

SIR PEARCE – *(fazendo o melhor que pode e voltando-se bem-humorado para o outro)* Mas o que você fez foi corajoso e heroico, O'Flaherty.

DENNIS – Se foi ou se não foi, só Deus sabe, e muito melhor do que nós, General. Eu só espero que Ele não seja tão implacável comigo por causa disto.

SIR PEARCE – *(compreensivo)* Entendo. Todos nós fazemos algumas reflexões muito sérias, às vezes, principalmente quando estamos exaustos. Acho que exigimos demais e você trabalhou um pouco em excesso nestas últimas sessões de recrutamento. Mas agora você pode relaxar pelo resto do dia, e amanhã é domingo. Eu mesmo fiz muito mais do que o meu corpo é capaz de aguentar. *(Ele olha no seu relógio)* Está na hora do chá. Por que será que a sua mãe está demorando tanto?

DENNIS – A velha vai ficar bem confusa... Imagine tomar chá com o senhor na mesma mesa em vez de fa-

zer isso na cozinha. Ela deve estar se preparando com toda a pompa necessária para uma ocasião como esta; e certamente vai parar em todas as casas no caminho, só para se exibir e contar pra quem quiser e pra quem não quiser saber onde ela está indo. Ela não vai perder a oportunidade de disseminar o despeito e a inveja na paróquia. Mas o senhor tem razão: ela não tem o direito de fazê-lo ficar esperando.
SIR PEARCE – Está tudo bem, O'Flaherty. Deixe que ela se divirta em uma ocasião especial como esta. É uma pena que a minha esposa esteja em Londres. Ela ficaria muito contente em receber sua mãe.
DENNIS – Tenho certeza de que sim. Ela sempre foi uma grande amiga dos pobres. Mas coitada da sua senhora, que Deus a proteja, ela sabia muito pouco sobre o alcance da nossa maldade. Éramos como um brinquedo nas mãos dela. O senhor sabe, ela é inglesa, e é assim que as coisas são. Éramos para ela o que os patanes e os senegaleses foram para mim quando eu os vi pela primeira vez. Eu não podia imaginar que eles pudessem ser tão mentirosos, ladrões, fofoqueiros e beberrões, exatamente como nós ou como qualquer outro cristão. Oh, mas a sua senhora nunca soube das coisas que se passavam às costas dela; como poderia saber? Quando eu era ainda bem pequeno, ela me deu o primeiro centavo que ganhei na vida; e eu quis rezar pela conversão dela naquela noite, do mesmo jeito que a minha mãe tinha me feito rezar pela do senhor; e...

SIR PEARCE – *(escandalizado)* Você está me dizendo que a sua mãe fez você rezar pela minha conversão?
DENNIS – Claro. Ela não queria ver um cavalheiro como o general ir para o inferno depois de ter dado o peito para o filho de Vossa Senhoria e criado a minha irmã Annie na mamadeira. E era assim que era, general. Ela o roubou e mentiu para o senhor. Invocou todas as bênçãos do Céu sobre a cabeça do senhor quando estava, na verdade, surrupiando os três gansos que Vossa Excelência pensava que tinham sido devorados pela raposa, e justamente um dia depois que o período de engorda tinha acabado; mas, o tempo todo, o senhor era para ela como se fosse parte do próprio sangue e da própria carne dela. Com frequência comentava que gostaria de viver o bastante para vê-lo transformado em um bom católico e no líder de exércitos vitoriosos contra os ingleses; queria vê-lo usando a corrente de ouro que Malachi ganhou dos invasores sem-vergonhas. Oh, é uma mulher muito romântica, a minha mãe, não resta dúvida.
SIR PEARCE – *(extremamente perturbado)* Eu realmente não posso acreditar nisso, O'Flaherty. Eu poderia jurar que a sua mãe era uma mulher honesta; como ela sempre me disse que era.
DENNIS – E ela é. Tão honesta quanto o dia.
SIR PEARCE – E você chama de honestidade o roubo dos meus gansos?

DENNIS – Mas ela não os roubou, senhor. Fui eu que fiz isso.

SIR PEARCE – Oh! E por que diabos você foi fazer uma coisa dessas?

DENNIS – Porque precisávamos deles, senhor. Muitas e muitas vezes tivemos que vender os nossos gansos para pagar-lhe o aluguel e satisfazer as suas necessidades; e por que então não devíamos vender os seus para satisfazer as nossas?

SIR PEARCE – E eu que me dane!

DENNIS – *(docemente)* Claro que se o senhor devia tirar o que pudesse de nós, nós também devíamos tirar o que pudéssemos do senhor. E que Deus nos perdoe a todos.

SIR PEARCE – Realmente, O'Flaherty, parece que a guerra afetou a sua cabeça.

DENNIS – Ela me pôs para pensar, senhor; e eu não estou acostumado com isso. É como o patriotismo dos ingleses. Eles nunca pensaram que eram patriotas até que a guerra fosse deflagrada; e então o patriotismo os tomou de um modo tão repentino e chegou de um jeito tão estranho que eles agora se põem a correr feito galinhas assustadas, gritando todo tipo de idiotices disparatadas. Mas queira Deus que se esqueçam disso tudo quando a guerra acabar. Eles já estão ficando cheios dela.

SIR PEARCE – Nada disso, meu rapaz; a guerra tem-nos enaltecido a todos, e de um jeito maravilhoso.

O mundo nunca mais será o mesmo; não depois de uma guerra como esta.

DENNIS – É o que eles dizem, senhor. Eu mesmo não vejo grande diferença. É só o terror e a agitação de costume; e quando tudo isso se aquietar, eles voltarão para as suas maldades habituais e continuarão a ser os mesmos de sempre. É como um parasita qualquer que em algum momento, por força, precisa ser eliminado.

SIR PEARCE – *(levantando-se e assumindo uma postura rígida atrás do banco)* Muito bem, vou ser curto e grosso com você, O'Flaherty: não aceito tomar parte em nenhum esquema para enganar a sua mãe. Eu desaprovo completamente os seus sentimentos em relação aos ingleses, especialmente em um momento como o que estamos vivendo agora. E mesmo que as convicções políticas de sua mãe sejam realmente o que você quer demonstrar que são, devo acreditar que a gratidão que ela tem por Gladstone baste para curar os preconceitos equivocados dela.

DENNIS – *(sobre os ombros dele)* Ela jura que Gladstone era irlandês. Por que cargas d'água ele iria se intrometer nos negócios da Irlanda, se não fosse um irlandês?

SIR PEARCE – Bobagem! Ela acha então que o Sr. Asquith é um irlandês também?

DENNIS – Ela não dá nenhum crédito a ele pelo *Home*

Rule. Ela diz que Redmond o obrigou a isso; e me disse ainda que foi o senhor quem contou isso pra ela.
SIR PEARCE – *(convicto das próprias palavras)* É uma pena que ela tenha entendido as coisas de um jeito tão ridículo como esse. *(Ele se dirige para um dos extremos do banco, à esquerda de O'Flaherty)* Vou ter uma conversa séria com a sua mãe, assim que ela chegar. Não vou tolerar que você fique por aí dizendo este tipo de besteira.
DENNIS – Não vai adiantar nada, senhor. Ela está convicta de que todos os generais ingleses são irlandeses; que todos os poetas ingleses e os maiores homens do mundo são irlandeses e que os ingleses nunca souberam como ler seus próprios livros até que os ensinássemos como fazer isso. Ela diz que somos as tribos perdidas da casa de Israel e o povo escolhido por Deus, e ainda que a deusa Vênus, aquela que nasceu da espuma do mar, saiu das águas exatamente na Baía de Killiney. Ninguém consegue dissuadi-la de que foi Moisés pessoalmente quem construiu as sete igrejas e que Lázaro foi enterrado em Glasnevin.
SIR PEARCE – Tolices! Como é que ela pode saber que ele foi enterrado lá? Você já perguntou isso pra ela?
DENNIS – Muitas e muitas vezes.
SIR PEARCE – E o que foi que ela disse?
DENNIS – Ela me perguntou como é que eu podia saber que ele não tinha sido enterrado lá, e me lascou um tapa na testa.

SIR PEARCE – E você nunca mencionou o nome de algum inglês famoso, e perguntou o que ela tinha a dizer sobre ele?

DENNIS – O único nome que me veio à cabeça foi o de Shakespeare, e ela me disse que ele nasceu em Cork.

SIR PEARCE – *(exausto)* Pois, muito bem, eu desisto. *(Ele deixa-se cair em uma das cadeiras)* Essa mulher é... Oh, bem... Não tem importância.

DENNIS – *(compreensivo)* É isto mesmo, senhor, ela é teimosa e obstinada; não há dúvida quanto a isso. Ela é exatamente como os ingleses que acham que não existe mais ninguém no mundo igual a eles. A mesma coisa acontece com os alemães, embora eles talvez sejam mais educados e devam saber um pouco melhor das coisas. Nunca teremos um mundo tranquilo até que o patriotismo seja eliminado do espírito humano.

SIR PEARCE – Ainda assim, nós...

DENNIS – Silêncio, senhor, pelo amor de Deus. Aí vem ela.

O General levanta-se num salto. A Sra. O'Flaherty entra e posiciona-se no meio dos dois homens. Ela é uma mulher muito asseada e está cuidadosamente vestida com roupas antiquadas de camponesa. Ela usa, para se proteger do sol, uma touca de seda preta com uma tiara adornada de enfeites e uma capa preta.

DENNIS – *(levantando-se timidamente)* Boa noite, mãe.

SRA. O'FLAHERTY – *(severamente)* Você cale a boca e aprenda a se comportar enquanto eu cumpro as mi-

nhas obrigações aqui com Sua Excelência. *(para Sir Pearce, cordialmente)* Como vai o senhor? E como vai a senhora, sua esposa e as jovens senhoritas, suas filhas? É uma grande felicidade termos o senhor de volta outra vez; e com uma aparência tão saudável e uma cara ainda mais jovial do que nunca.
SIR PEARCE – *(forçando um tom de extrema cordialidade)* Obrigado, Sra. O'Flaherty. Bem, como a senhora mesma pode ver, trouxemos o seu filho de volta, são e salvo. Espero que esteja orgulhosa dele.
SRA. O'FLAHERTY – Ah, eu estou, Excelência. Ele é um garoto muito corajoso; e por que não haveria de ser, tendo sido criado, como foi, na sua propriedade e ainda com o privilégio de ter diante dos olhos ninguém menos do que o senhor para tomar como exemplo de como deve ser o soldado mais extraordinário da Irlanda. Venha até aqui dar um beijo na sua velha mãezinha, Dinny. *(Dennis a beija, encabulado)* Este é o meu filhinho querido. E olhe só para este uniforme novinho, lindo, e já lambuzado com os ovos que você andou comendo e a cerveja que andou bebendo por aí. *(Ela apanha o lenço de bolso; cospe nele e esfrega as lapelas do uniforme)* Oh, o mesmo porco desleixado de sempre. Pronto! Não vai dar pra ver nada neste cáqui; muito diferente daquele velho paletó vermelho. Dava pra notar tudo que você babava nele. *(para Sir Pearce)* Ouvi dizer lá na hospedaria que a senhora sua

esposa está em Londres e que a Srta. Agnes vai se casar com um jovem nobre e muito fino. Oh, como o senhor deve estar se sentindo um pai afortunado e feliz! Quem não deve estar se sentindo nada feliz com essas notícias são os jovens cavalheiros daqui que tinham alguma esperança de se casar com ela algum dia. Muitas pessoas achavam que a Srta. Agnes se casaria com o jovem Mestre Fora-da-Lei...

SIR PEARCE – O quê! Aquele... aquele... aquele frouxo!

SRA. O'FLAHERTY – *(jocosamente)* Deixo que Vossa Excelência escolha sozinho o nome mais apropriado para chamar o rapaz. Mas que ele é mesmo um frouxo, isso é verdade. Ah, e pensar quantas e quantas vezes eu disse que a Srta. Agnes seria um dia minha patroa, igualzinho a mãe dela. Você se lembra disso, Dinny?

SIR PEARCE – Muito bem Sra. O'Flaherty, eu imagino que vocês dois tenham um milhão de coisas para conversar que não me dizem respeito. Vou entrar e pedir para que aprontem o nosso chá.

SRA. O'FLAHERTY – Não. Não quero que Vossa Excelência se incomode conosco. O senhor fica aqui e nós vamos conversar no quintal, lá atrás.

SIR PEARCE – De jeito nenhum. Não é incômodo algum. E seu filho já está bem crescidinho e não merece ser levado para uma conversa nos fundos. Ele conseguiu conquistar um lugar na primeira fila, não é mesmo Dennis? *(Ele entra na casa).*

SRA. O'FLAHERTY – Ah, claro que conseguiu. Que Deus abençoe Vossa Alteza. *(Assim que o General se afasta o bastante para não conseguir mais ouvir, ela se volta ameaçadoramente para o filho em uma daquelas mudanças repentinas de humor, típicas da Irlanda, e que espantam e escandalizam algumas nações menos flexíveis)* Agora você vai se ver comigo, seu pilantra mentiroso. Como é mesmo essa história de que você estava indo lutar contra os ingleses? Você acha que eu sou boba e nunca iria descobrir? Com todos os jornais estampando a sua cara e você apertando a mão do Rei da Inglaterra em frente ao Palácio de Buckingham?

DENNIS – Eu não apertei a mão dele. Foi ele que apertou a minha. E eu poderia virar as costas para o homem na sua própria casa, diante da esposa, com o dinheiro dele nos meus bolsos e nos seus também, e responder à cortesia usada para me receber com uma descarada falta de educação?

SRA. O'FLAHERTY – Você deveria tingir de vermelho a mão de um tirano. Com o sangue da Irlanda.

DENNIS – Ah, pare de dizer besteiras, mãe. Ele não é nem metade do tirano que a senhora é, que Deus o proteja. As mãos dele estavam mais limpas do que as minhas, agora manchadas com o sangue dos parentes dele, quem sabe.

SRA. O'FLAHERTY – *(ameaçadoramente)* E isso lá é jeito de falar com a sua mãe, seu cretino miserável?

DENNIS – *(resolutamente)* É sim, se a senhora insistir em não me levar a sério. É uma coisa muito bonita que um rapaz pobre como eu tenha obtido o reconhecimento de reis e rainhas e tenha apertado a mão dos nobres mais ilustres nas principais capitais do mundo; e aí eu volto pra casa para ser insultado e humilhado pela minha própria mãe! Eu vou lutar por quem eu quiser e apertar as mãos dos reis que eu bem entender. E se o seu filho não é bom o bastante pra você, então vá e comece a procurar outro agora mesmo. A senhora vai prestar mais atenção em mim?

SRA. O'FLAHERTY – Foi um desaforo atrevido como esse que os belgas aprenderam com você?

DENNIS – Os belgas são homens de bem e os franceses deveriam ser mais gentis com eles; claro que não estou considerando a metade que foi dizimada pelos alemães.

SRA. O'FLAHERTY – São homens de bem, você diz. Homens de bem! Para virem até aqui pedir ajuda quando foram feridos, porque eram de um país católico, e depois se voltarem para a Igreja Protestante porque isso não lhes custava nada; e muitos deles nunca chegaram sequer perto de uma igreja. É a isso que você chama de homens de bem!

DENNIS – Você é realmente uma mulher da política, extraordinária e muito poderosa, não é mesmo? Estou impressionado com o que a senhora sabe sobre os belgas e as terras estrangeiras do mundo em que vive, que Deus a proteja!

SRA. O'FLAHERTY – E por que eu não saberia melhor do que você? Por acaso não sou sua mãe?

DENNIS – E mesmo que seja minha mãe, como pode conhecer o que nunca viu? E ainda melhor do que eu que estive escavando o continente europeu durante seis meses e fiquei enterrado naquele solo por três vezes com bombas explodindo sobre a minha cabeça? Vou lhe dizer onde estou querendo chegar. Eu tenho as minhas próprias razões para ter me envolvido nesta guerra. Eu me sentiria envergonhado de ficar em casa e não ir lutar quando eu sabia que todos os outros estavam lutando.

SRA. O'FLAHERTY – Se você queria apenas lutar, por que não se alistou no exército alemão?

DENNIS – Porque eles pagam muito pouco para os soldados.

SRA. O'FLAHERTY – Pois se pagam muito pouco, por que então não escolheu o exército francês?

DENNIS – Porque pagam menos ainda.

SRA. O'FLAHERTY – *(extremamente chocada)* Oh, assassino! Vocês são todos uns miseráveis, Dinny.

DENNIS – *(sarcástico)* Talvez a senhora preferisse que eu me alistasse no exército turco, e idolatrasse o paganismo de Maomé que colocou um grão de milho no ouvido para fingir que se tratava de uma mensagem celeste no momento em que veio uma pomba e apanhou o pequeno grão e o comeu. Eu me alistei no exército que pudesse pagar à senhora a melhor pensão; e é este o agradecimento que recebo por isso?

SRA. O'FLAHERTY – A melhor pensão, você diz! Eles vieram até mim e me perguntaram: "O seu filho come muito?" E eu respondi: "Ah, come sim. Dez *shillings* por semana não são suficientes para alimentá-lo". E eu pensando que quanto maior fosse o valor que eu apresentasse, mais dinheiro eles iriam me dar. Mas eles disseram: "Então vamos tirar dez *shillings* da sua pensão porque esta é a quantia que o rei vai gastar para poder alimentá-lo." "Ah, então é assim?", eu disse. "Se eu tivesse seis filhos, a dedução total seria de três libras, muito mais do que eu ganho, e vocês entenderiam que, no final das contas, eu é que devia lhes pagar ao invés de receber alguma coisa". "Tem muita falácia esse seu argumento", foi a resposta deles.

DENNIS – Muita o quê?

SRA. O'FLAHERTY – Falácia. Foi a palavra que usaram. E eu acrescentei: "Tem muito de fariseu é o que o senhor está querendo dizer; mas pode ficar com o dinheiro sujo que o seu rei cobiça de uma velha viúva pobre; e que Deus permita que os ingleses sejam derrotados algum dia só pelo pecado mortal de oprimirem os pobres". E bati a porta na cara deles.

DENNIS – *(furioso)* Você está me dizendo que eles reduziram dez *shillings* da sua pensão para me manter?

SRA. O'FLAHERTY – *(tranquilizando-o)* Não, meu

querido. Eles apenas suprimiram meia coroa. Posso passar sem isso porque tenho também a pensão por causa da minha idade. Eles sabem muito bem que eu tenho sessenta e dois anos; então consegui que a redução fosse somente de meia coroa.

DENNIS – É um jeito esquisito de se fazer negócios. Mas se eles tivessem lhe informado imediatamente de quanto seria o pagamento... Isso não a teria incomodado. Ainda assim, se existem vinte maneiras de se dizer a verdade e apenas uma de se dizer a mentira, o governo vai encontrar a única maneira de se mentir, porque é da natureza dele viver enganando as pessoas.

Teresa Driscoll, uma empregada, surge vinda de dentro da casa.

TERESA – Pode entrar, Sra. O'Flaherty. O chá está pronto esperando a senhora na sala de visitas.

SRA. O'FLAHERTY – É bom que você deixe também um pouco de chá forte pra eu tomar na cozinha depois, ouviu mocinha? Este chá aguado da sala de visitas vai me fazer peidar o resto do dia se eu ficar só com ele na barriga. *(Ela entra na casa, deixando os dois jovens a sós).*

DENNIS – Não acredito no que estou vendo. É você mesma, Tessie? Como vai?

TERESA – Muito bem, obrigada. E você?

DENNIS – Vou muito bem, graças a Deus. *(mostrando uma corrente de ouro pra ela)* Olha só o que eu trouxe pra você.

TERESA – *(retraindo-se)* Não quero nem chegar perto, Dinny. Você pegou isso de um homem morto, não foi?

DENNIS – Não. Peguei de um homem vivo que ficou muito agradecido porque, em vez de matá-lo, eu o mantive como prisioneiro, na maior tranquilidade e conforto; enquanto eu ficava à deriva, lutando no campo de batalha e correndo risco de vida.

TERESA – *(apanhando a corrente)* Você acha que isto é ouro de verdade, Dinny?

DENNIS – Claro que é. Ouro alemão.

TERESA – Mas eu sei que a prata alemã não é verdadeira.

DENNIS – *(obscurecendo o semblante)* Pois, muito bem, isso é o melhor que os boches puderam fazer por mim.

TERESA – Você se importa se eu levá-la na próxima feira para perguntar ao joalheiro quanto ela vale?

DENNIS – *(amuado)* Pode levar para o diabo se quiser.

TERESA – Não precisa ficar com raiva só por causa disso. Eu só estou curiosa pra saber. Não quero fazer papel de boba saindo por aí exibindo uma corrente que no final das contas pode ser de latão.

DENNIS – Eu acho que você podia pelo menos ter dito 'muito obrigada, Dennis'.

TERESA – Você acha? E eu acho que você podia ter me dito alguma coisa mais do que simplesmente "é você mesma Tessie?" Você teria sido mais receptivo com o carteiro.

DENNIS – *(o semblante novamente iluminado)* Ah, então esse é o problema? Venha cá! Venha provar o gosto do latão na minha boca. *(Ele a agarra e a beija).*

Teresa, sem perder a dignidade irlandesa, retribui ao beijo tão prazerosamente quanto um conhecedor de vinhos que toma um gole de uma taça. Depois, senta-se com ele no banco do jardim.

TERESA – *(enquanto ele abraça a cintura dela)* Graças a Deus que o padre não pode nos ver aqui!

DENNIS – Sabia que eles não dão muita importância para os padres na França, minha pombinha?

TERESA – O que a rainha estava usando quando falou com você lá no palácio, Dinny?

DENNIS – Ela estava com uma touca sem nenhum enfeite e tinha um recorte bordado bem abaixo do colo. A cintura dela está no lugar onde devia e não onde as cinturas das outras garotas costumam estar hoje em dia. Ela tinha brincos bem pequenos nas orelhas e não estava usando nem a metade das jóias que a Sra. Sullivan guarda naquela loja de quinquilharias em Drumpogue. Ela usa o cabelo puxado sobre a testa, como se fosse uma franja e as sobrancelhas dela se parecem com as das irlandesas. A coitada não sabia o que me dizer e eu não sabia o que dizer pra ela, que Deus me proteja!

TERESA – Você vai ganhar outra pensão agora por causa dessa Cruz de Ferro, não é mesmo Dinny?

DENNIS – Seis *pence* e três *farthings* por dia.

TERESA – Mas isso não é muito.

DENNIS – O resto eu recebo com meus feitos gloriosos.

TERESA – E se você for ferido, recebe uma pensão maior por causa disso?

DENNIS – Parece que sim.

TERESA – Então você vai voltar pra guerra, não é?

DENNIS – Não posso evitar. Serei fuzilado como desertor se eu não voltar; e posso receber uma bala dos alemães e morrer se for de novo pra lá; então, como você pode ver, estou encurralado no meio dessas duas coisas tão extraordinárias.

SRA. O'FLAHERTY – *(chamando de dentro da casa)* Tessie! Tessie querida!

TERESA – *(desprendendo-se dos braços dele e se levantando)* Estão precisando de mim lá dentro para servir o chá. Qualquer que seja o caso, você vai receber uma pensão, não é Dinny? Não importa se você vai ficar ferido ou não, não é mesmo?

SRA. O'FLAHERTY – Venha cá, imediatamente, menina.

TERESA – *(impaciente)* Estou indo, estou indo. *(Ela tenta sorrir para Dennis, um sorriso não muito convincente; depois se dirige apressadamente para dentro da casa).*

DENNIS – *(falando com seus botões)* E se eu realmente receber uma pensão, com o diabo que você vai gastar um centavo que seja do dinheiro que vou ganhar.

SRA. O'FLAHERTY – *(aparecendo no pórtico)* Oh, que

coisa mais feia Dinny! Manter a menina longe das obrigações. Você pode complicar a vida dela.

DENNIS – E o que me importa que eu complique ou não! Tenho pena do homem que possa complicar a vida dela. É ele quem vai ficar infinitamente muito mais encrencado.

SRA. O'FLAHERTY – Mas o que é isso? Você não estava caidinho por ela? E ela, uma moça que possui uma fortuna de dez libras!

DENNIS – Pois que fique com a sua fortuna. Eu não tocaria nela nem com uma pinça, mesmo que ela tivesse centenas de milhares de libras.

SRA. O'FLAHERTY – Oh, que desaforo! Como se atreve a falar mal de uma garota honesta e decente como ela? Uma menina da família Driscoll?

DENNIS – E por que não falaria? Ela não pensa em outra coisa a não ser na minha volta para os campos de batalha de onde espera que eu saia ferido para que ela possa gastar a minha pensão; aquela interesseira ordinária!

SRA. O'FLAHERTY – Mas o que se passa com você, criatura infame?

DENNIS – O conhecimento e a sabedoria chegaram até mim por intermédio da dor, do medo e das dificuldades. Vocês me fizeram de bobo até agora e me impuseram um milhão de coisas. Pois, muito bem, vou lhe dizer uma coisa: se eu tiver que me casar algum dia, será com uma francesa.

SRA. O'FLAHERTY – *(violentamente)* Isso jamais acontecerá, e não se atreva a repetir isso de novo na minha frente.

DENNIS – Como é que é?! Se a senhora está mesmo interessada em saber, eu já me casei com duas delas.

SRA. O'FLAHERTY – Deus seja louvado! Com que tipo de perversidades você esteve envolvido, Dinny, seu devasso salafrário?

DENNIS – Uma dessas francesas faria a comida da senhora duas vezes por dia, todos os dias, e também a de Sir Pearce. Ele não precisaria mais sair por aí implorando pela Irlanda inteira, sem nunca conseguir encontrar alguém que preste. Minha mulher será francesa, ouça o que lhe digo; e quando eu me estabelecer como fazendeiro, eu quero uma fazenda francesa, com uma pastagem tão grande quanto o continente europeu. Dez dessas minúsculas pastagens imundas daqui não serão suficientes nem para encher uma das valetas do meu terreno.

SRA. O'FLAHERTY – *(furiosa)* Então é melhor que comece a procurar uma mãe francesa também, porque eu não aguento mais você.

DENNIS – Olhe que, se não fosse pelos sentimentos naturais que devemos nutrir por nossas mães, a senhora até que não seria uma grande perda pra mim; porque não passa de uma velha matuta, ignorante e tola com toda essa conversa edificante sobre a Irlanda. A senhora que nunca se afastou mais do que dois passos desta terra onde nasceu!

SRA. O'FLAHERTY – *(cambaleando até o banco do jardim e mostrando sinais de que vai desmaiar)* Dinny, querido, por que está fazendo isso comigo? O que está acontecendo com você?

DENNIS – *(melancolicamente)* O que está acontecendo com todo mundo? É isto que eu quero saber. O que está acontecendo com você que eu sempre pensei que fosse o terror do universo? O que está acontecendo com Sir Pearce que eu achava que era um grande general, e agora vejo que é tão qualificado para comandar um exército quanto uma galinha velha? O que está acontecendo com Tessie, com quem eu estava louco pra me casar um ano atrás, e que agora não quero mais, mas nem com toda a fortuna dela e a Irlanda inteira? Tenho que lhe dizer que o mundo está desmoronando à minha volta. E você ainda vem me perguntar o que está acontecendo comigo?

SRA. O'FLAHERTY – *(dando vazão à sua aflição desenfreada)* OOOhh! OOOOhh! Meu filho se voltou contra mim. Oh, o que vou fazer agora, meu Deus. Meu Deus! Oh! Oh! Oh!

SIR PEARCE – *(saindo correndo de dentro da casa)* Que barulho infernal é este? Mas o que diabos está acontecendo aqui?

DENNIS – Fique quieta, mãe. Não vê que Sua Excelência chegou?

SRA. O'FLAHERTY – Oh, senhor, estou perdida e arruinada. Oh, fale com o Dinny, Excelência. Estou com o coração despedaçado por causa dele. Ele quer se casar com uma francesa, ir embora daqui, tornar-se um estrangeiro e, ainda por cima, trair o seu país. Ele ficou louco por causa dos rugidos dos canhões e dos alemães que teve de matar e dos alemães que deveriam matá-lo também. Pior pra todos eles! Mas me tomaram o meu menino, Excelência, e ele se voltou contra a própria mãe. E agora, quem vai cuidar de mim quando eu ficar velha, depois de tudo que eu fiz por ele?! OOOhh! OOOOhh!

DENNIS – Pare com essa gritaria! Quem é que vai deixá-la aqui? Eu vou levá-la embora comigo. Está satisfeita?

SRA. O'FLAHERTY – Você quer me levar pra viver numa terra estrangeira, no meio de selvagens, hereges e pagãos; e ainda por cima sem conseguir entender a língua deles e nem eles a minha?

DENNIS – Que bom que você vai poupar-lhes desse trabalho. Talvez eles pensem que você esteja dizendo alguma coisa que preste.

SRA. O'FLAHERTY – Você está me pedindo para morrer longe da Irlanda, é isso? E nunca ser encontrada pelos anjos quando eles vierem até aqui para me buscar!

DENNIS – E você está me pedindo para viver na Irlanda onde as coisas me são impostas e sou mantido em completa ignorância; e morrer num lugar onde nem o diabo vai me querer como suvenir, o que dizer então dos anjos abençoados? A senhora pode vir comigo ou ficar aqui, se quiser. Pode escolher entre o seu caminho velho e tantas vezes trilhado e o meu, jovem e ainda por ser descoberto. Mas eu não vou ficar encurralado neste lugar no meio de capetas imprestáveis que não se movem pra nada a não ser pra ver o mato crescendo em volta e só então se decidirem a erguer um muro de pedra no caminho feito pelas vacas. E não é por falta do Sir Horace Plunkett quase enfartar de tanto dizer como eles deveriam preparar a terra e cultivá-la de modo apropriado, como fazem os franceses e os belgas.

SIR PEARCE – Ah, isso é verdade, Sra. O'Flaherty, a mais pura verdade.

SRA. O'FLAHERTY – Pois, muito bem, se Deus quiser, a guerra ainda vai durar muito tempo e tomara que eu já esteja morta quando ela acabar e a distribuição de pensões for interrompida.

DENNIS – Ah, é só nisso que você está pensando, não é? Para as mulheres, os homens não servem para nada além de ordenhar as vacas e, desde que a guerra começou, eles também servem para prover estas mesmas mulheres com algum tipo de pensão. Maldito seja quem inventou isso!

TERESA – *(vinda do pórtico e colocando-se entre o*

General e a Sra. O'Flaherty) A Hannah me mandou aqui pra dizer a Sua Alteza que o chá vai ficar choco e o bolo vai esfriar daqui a pouco e não vai mais prestar pra comer se vocês não entrarem imediatamente.

SRA. O'FLAHERTY – *(deixando irromper sua ira novamente)* Escute aqui, Tessie querida, o que foi mesmo que você andou dizendo aqui para o meu Dinny? Oh! oh...

SIR PEARCE – *(perdendo a paciência)* Vocês não vão começar essa discussão agora, por favor. A Tessie precisa entrar para servir a mesa.

DENNIS – O senhor está certo. Leve-as para dentro agora mesmo, Excelência.

TERESA – Eu não disse uma única palavra pra ele. Ele...

SIR PEARCE – Cale essa boca e vá cuidar das suas obrigações.

TERESA – Mas eu garanto a Sua Alteza que nunca disse uma palavra que fosse pra ele. Ele me deu esta linda corrente de ouro. Olhe aqui. Juro que não estou mentindo pro senhor.

SIR PEARCE – O que é isto O'Flaherty? Você andou saqueando algum oficial azarado?

DENNIS – Não, Excelência. Eu a roubei com o consentimento dele.

SRA. O'FLAHERTY – Sua Excelência não poderia informar ao meu filho que são as mães que possuem o direito de ficar com essas coisas em primeiro lugar? O que uma garota leviana como essa vai fazer com uma corrente de ouro em volta do pescoço?

TERESA – *(venenosamente)* Pelo menos eu tenho um pescoço para colocar uma corrente, e não um monte de pelancas enrugadas e fedorentas.

Ao ouvir essa observação desastrosa, a Sra. O'Flaherty pula do banco e uma tempestade pavorosa de palavras furiosas se inicia. As objeções e ordens do General e os protestos e ameaças de Dennis, só servem para aumentar a confusão. Em poucos instantes, todos começam a falar ao mesmo tempo e no tom mais alto que suas vozes conseguirem alcançar.

SRA. O'FLAHERTY – *(apenas sua voz)* Sua vaca desaforada, como se atreve a me dizer uma coisa dessas? *(Teresa retruca furiosamente; os homens interferem e a voz solo da Sra. O'Flaherty se junta a dos outros, formando um quarteto, fortíssimo)* Você merecia um tapa na orelha para aprender como se comportar direito. Tenha vergonha nessa cara, sua fedelha, e aprenda a conhecer melhor as pessoas com quem fala. Tomara que eu não esteja cometendo um pecado mortal, mas não sei o que Deus tinha na cabeça quando resolveu criar gente da sua laia. Que eu nunca mais a veja atirando esse olhar de ovelha desgarrada pra cima do meu filho outra vez. Nunca houve até hoje um O'Flaherty que se rebaixasse na presença de um Driscoll, todos mesquinhos e mal-educados. Se você se aproximar da minha casa outra vez, vou jogá-la dentro da privada e ainda vou enfiar uma pulga dentro do seu ouvido, escute o que estou dizendo.

TERESA – E quem é você para me chamar com esse nome, sua boca suja, mente imunda; sua porca velha e mentirosa? Não vou sujar a minha boca e chamá-la com os nomes que lhe são apropriados, nem vou contar para Sir Pearce o que todo mundo fala lá na cidade sobre a senhora. Você e os seus O'Flahertys! Querendo se colocar acima dos Driscolls que nunca se rebaixaram sequer a serem vistos conversando com alguém da sua laia, nem mesmo na feira. Pode ficar com esse monte de estrume do seu filho fedorento; porque ele não passa de um simples soldado, e que Deus ajude a mulher que quiser ficar com ele. As costas da minha mão nesse seu focinho, sua megera; e tomara que um gato rasgue essa sua cara enrugada e horripilante!

SIR PEARCE – Silêncio. Tessie, você não me ouviu? Volte já pra dentro. Sra. O'Flaherty! *(mais alto)* Sra. O'Flaherty!! A senhora pode me ouvir por um momento? Por favor. *(furiosamente)* Vocês não estão me ouvindo? Vocês são seres humanos ou bichos do mato? Parem imediatamente com esta gritaria! Estão me ouvindo? *(gritando)* Vocês vão fazer o que estou mandando, ou vou ter que obrigá-las a isso? Escandalosas! Que vergonha! Você deve estar mais acostumado com isso, O'Flaherty; leve-as já para dentro, mesmo que seja à força. Sumam da minha frente, as duas. Agora.

DENNIS – *(para as mulheres)* Escutem aqui, não é hora pra essas coisas. Parem com isso. Fique quieta, mãe, ou você vai se arrepender depois. *(para Teresa)* E esses são modos de uma garota decente falar? *(desesperando-se)* Oh, pelo amor de Deus, calem a boca. Se não conseguem se respeitar, pelo menos respeitem os seus semelhantes. *(categoricamente)* Agora chega! Oh! Vocês duas estão possuídas pelo demônio. Já para dentro. Agora mesmo. E podem arrancar os olhos uma da outra, mas lá na cozinha, se é isto o que querem. Para dentro. As duas.

Os dois homens agarram as mulheres, ainda sob insultos violentos, e as empurram para dentro da casa. Sir Pearce bate a porta com força assim que elas entram. Imediatamente, um silêncio celestial paira sobre a tarde de verão. Os dois se sentam, praticamente sem fôlego; e por longo tempo não dizem nada. Sir Pearce senta-se em uma das cadeiras de ferro; O'Flaherty, no banco do jardim. O tordo começa a cantar melodiosamente. O'Flaherty o escuta atentamente, olhando para ele. Um sorriso se abre sobre o semblante carregado do soldado. Sir Pearce, com um suspiro profundo, pega o cachimbo e começa a enchê-lo.

DENNIS – *(idilicamente)* Que animal insatisfeito é o homem, Sir Pearce! Apenas um mês atrás, quando eu estava sossegado lá na minha trincheira, eu não escutava nada que não fossem os passarinhos ou o mugido de uma vaca à distância, ou o som dos estilhaços desenhando pequenas nuvens no céu e as bombas assoviando e, às vezes, um grito abafado, aqui e acolá, de algum de nossos homens que tinha sido atingido; e o senhor não vai acreditar, mas eu reclamava do barulho e queria vir para casa desfrutar algumas horas de paz. Pois bem, essas duas acabaram de me dar uma lição. Hoje de manhã, quando eu dizia aos rapazes como estava ansioso para voltar pra guerra e fazer a minha parte em nome do rei e do meu país, junto com os outros, eu estava mentindo, como o senhor sabe muito bem. Mas agora posso me dirigir a eles e dizer com clareza e convicção que alguns preferem o alarido da guerra, outros o da vida doméstica. Eu experimentei os dois, senhor; e hoje tenho a mais absoluta certeza de que prefiro os alaridos da guerra porque, por uma disposição natural, eu sempre fui uma pessoa quieta e tranquila.

SIR PEARCE – Aqui entre nós, O'Flaherty, e de um soldado para outro, *(O'Flaherty faz uma continência, sem contudo assumir a posição de sentido que quase sempre acompanha esse gesto)* você acha que teríamos conseguido formar um exérci-

to sem alistamentos obrigatórios se a vida doméstica fosse tão boa quanto as pessoas dizem que é?
DENNIS – Bem, aqui entre nós e a parede, Sir Pearce, eu acho que quanto menos falarmos sobre isso até que a guerra termine, melhor.

Ele dá uma piscadela para Sir Pearce. O General acende um fósforo. O tordo canta. Uma gralha ri e a conversa termina.

PERSONAGENS
Conde Ferruccio (o Frade)
Giulia
Squarcio
Sandro

TEMPO
Século XV

LUGAR
Uma estalagem às margens de um lago italiano

(PUBLICADO PELA PRIMEIRA VEZ EM 1926)

UM QUÊ DE REALIDADE
UMA TRAGEDIETA

(1910)

É o século XV d.C. Um entardecer às margens de um lago italiano. Uma cruz de pedra em um pedestal com escada. Um frade muito velho está sentado sobre um degrau. Soa a hora do Ângelus. O frade reza e faz o sinal da cruz. Uma garota traz um barco até a margem e sobe pela encosta até onde se encontra a cruz.

GAROTA – Padre, o senhor foi mandado para cá por um rapaz de...
FRADE – *(com uma voz aguda e estridente, mas clara)* Eu sou um homem muito velho. Oh, muito velho. Velho o bastante para ser seu bisavô, minha filha. Oh, muito, muito velho.
GAROTA – Mas o senhor foi mandado para cá por um rapaz de...
FRADE – Oh sim, sim, sim, sim, sim. Um jovem. Era um rapaz jovem. Muito jovem. E eu sou muito velho. Oh, muito, muito velho, minha filha.
GAROTA – O senhor é um santo?

FRADE – *(extasiado)* Oh, muito santo. Muito, muito, muito, muito santo.

GAROTA – E ainda está com o juízo perfeito para me absolver de um grande pecado?

FRADE – Oh, sim, sim, sim. Um pecado muito grande. Eu sou muito velho; mas ainda estou com o juízo perfeito. Eu tenho cento e treze anos, pela graça da Virgem Maria, mas ainda me lembro de todas as palavras; consigo amarrar e desamarrar os sapatos; e sou muito, muito sábio; porque sou velho e já faz muito tempo que deixei o mundo para trás, as tentações da carne e o diabo. Como você pode ver, minha filha, eu sou cego; mas quando o rapaz me disse que havia uma incumbência para mim aqui, eu vim imediatamente e sem a ajuda de nenhum guia... Diretamente para cá, conduzido por Santa Bárbara. Ela me guiou até esta pedra, minha filha. Uma pedra muito confortável para mim porque foi abençoada por ela.

GAROTA – Isso é uma cruz, padre.

FRADE – *(em um arroubo estridente)* Oh, abençoada, abençoada, sempre abençoada seja a minha santa padroeira por ter-me conduzido para este lugar sagrado. Existe alguma construção aqui por perto? O rapaz mencionou qualquer coisa sobre uma estalagem.

GAROTA – Existe uma estalagem, padre, a menos de vinte jardas daqui. Ela pertence ao meu pai, Squarcio.

FRADE – E existe algum estábulo onde um velho muito velho possa dormir e um punhado de ervilhas para ele comer na hora do jantar?

GAROTA – Sempre existe cama e comida para os santos que removem os nossos pecados e aliviam as nossas culpas. Mas o senhor jura por esta cruz que é mesmo um homem muito santo?

FRADE – Farei melhor do que isso, filha. Vou provar minha santidade para você por meio de um milagre.

GAROTA – Um milagre!

FRADE – O mais milagroso dos milagres. Um milagre extraordinário! Quando eu tinha apenas dezoito anos, eu já era famoso pela minha devoção. Quando a mão da abençoada Santa Bárbara foi encontrada em Viterbo, depois de ter sido decepada no tempo da perseguição da Igreja, eu fui o escolhido do Papa para levá-la até Roma para a celebração do festival que existe lá em a homenagem à Santa. E, desde então, a minha mão nunca mais envelheceu. Ela continua jovem, quente e robusta, enquanto o resto do meu corpo está tão ressecado quase a ponto de virar poeira, e a minha voz tão rachada que se transformou neste assovio que você está ouvindo agora.

GAROTA – Isso é verdade? Deixe-me ver. *(Ele segura a mão dela. Ela ajoelha-se e beija a mão dele fervorosamente)* Oh, é verdade. Você é um santo. Foi o Céu que o enviou em resposta às minhas preces.

FRADE – Tão macia quanto o seu pescoço, não é mesmo? *(Ele acaricia o pescoço dela).*

GAROTA – Que maravilhoso. Estou toda arrepiada.

FRADE – Também estou arrepiado, filha. E isso, na minha idade, também é um milagre.

GAROTA – Padre...

FRADE – Aproxime-se um pouco mais, filha. Eu sou um homem muito, muito velho e muito, muito surdo. Você deve falar bem perto do meu ouvido porque a sua voz é muito baixa. *(Ela se ajoelha e encosta os seios no braço dele e o queixo no ombro dele)* Bom. Bom. Assim está melhor. Eu estou muito, muito velho.

GAROTA – Padre, estou a ponto de cometer um pecado mortal.

FRADE – Cometa, minha filha. Cometa. Agora mesmo. Agora, agora.

GAROTA – *(desanimada)* Oh, o senhor não ouviu o que eu disse.

FRADE – Não ouvi! Então chegue mais perto, filha. Muito mais perto. Mais. Coloque seu braço em volta dos meus ombros e fale ao meu ouvido. Não tenha vergonha. Eu sou apenas um saco de ossos velhos. Ouça como eles chacoalham. *(Ele sacode os ombros e chacoalha as contas do seu rosário ao mesmo tempo)* Ouça como chacoalham os ossos desse pobre velho. Oh, leve este velho muito velho para o céu, abençoada Bárbara.

GAROTA – O seu juízo está variando. Escute. Está me ouvindo?

FRADE – Sim sim sim sim sim sim sim. Lembre-se. Tanto faz que eu a escute ou não; ainda assim, posso absolvê-la. Talvez seja melhor para você que eu não ouça o pior. Muito bem, muito bem. Quando o meu juízo começar a variar, aperte a minha mão jovem; e a abençoada Bárbara fará com que eu recobre todas as minhas faculdades mentais. *(Ela aperta vigorosamente a mão dele)* Isso. A-a-a-assim. Agora eu me lembro de quem sou e de quem é você. Prossiga, minha criança.

GAROTA – Padre, estou para me casar com um jovem pescador, ainda este ano.

FRADE – Pelo diabo, minha querida, você está para se casar?

GAROTA – *(apertando a mão dele)* Oh, escute, escute; o senhor está variando outra vez.

FRADE – É verdade. Segure na minha mão com firmeza. Eu compreendo, compreendo. Esse jovem pescador não é nem bonito nem muito corajoso; mas é um homem honesto e dedicado a você; e existe alguma coisa nele que é diferente de todos os outros.

GAROTA – O senhor o conhece!

FRADE – Não não não não não. Estou velho demais para me lembrar das pessoas. É Santa Bárbara quem me conta todas as coisas.

GAROTA – Então o senhor sabe por que ainda não podemos nos casar.

FRADE – Ele é muito pobre. A mãe dele não permiti-

rá que se case a menos que a noiva tenha um dote...
GAROTA – *(interrompendo-o impetuosamente)* Sim, sim. Oh, abençoada seja Santa Bárbara por ter-me enviado o senhor! Trinta coroas... trinta coroas de uma pobre garota como eu. Isso é perverso... monstruoso. Eu teria que pecar para ganhar essa quantia.
FRADE – Mas esse não seria o seu pecado, minha doçura, e sim o da mãe dele.
GAROTA – É verdade. Nunca tinha pensado nisso. E ela sofreria por causa desse pecado?
FRADE – Milhares de anos no purgatório, minha querida. Quanto pior for o pecado dela, mais longo o sofrimento. Vamos deixar então que ela sofra de um jeito horripilante. *(Ela se retrai)* Não solte a minha mão; estou começando a variar. *(Ela volta a apertar a mão dele)* É, minha querida. O pecado é uma coisa muito perversa. Até mesmo o pecado de uma sogra pode se transformar em algo caríssimo, porque então o homem com quem você vai se casar teria que fugir das obrigações conjugais para pagar as missas pela alma dela.
GAROTA – É verdade. O senhor é um homem muito sábio, padre.
FRADE – Então vamos considerar essa pequena falta como um pecado venial. Mas qual era mesmo o pecado mortal em que você estava pensando?
GAROTA – Existe um jovem conde chamado Ferruccio,

(O Frade tem um sobressalto ao ouvir o nome) ele é filho do tirano de Parma...

FRADE – Um jovem espetacular, minha filha. Você não poderia pecar com um homem mais espetacular. Mas trinta coroas é um valor muito alto para pedir a ele. Ele não pode pagar. É um mendigo, um pária. Ele fez amor com a Madona Brigita, a irmã do Cardeal Poldi, um cardeal de dezoito anos de idade e sobrinho do Santo Padre. O cardeal surpreendeu a irmã com Ferruccio; e Ferruccio perdeu completamente o controle. Atirou o santo cardeal pela janela e quebrou um dos braços dele.

GAROTA – Então, o senhor já sabe de tudo.

FRADE – Eu não sei de nada, minha filha. É Santa Bárbara. Santa Bárbara. Mas de onde você conhece Ferruccio? Santa Bárbara está me dizendo que ele nunca a viu antes e que também não tem trinta coroas para pagar pelos seus serviços.

GAROTA – Oh, por que Santa Bárbara também não lhe disse que sou uma moça honesta que nunca me venderia, mas nem por um milhão de coroas.

FRADE – Não seja orgulhosa, filha. O orgulho é um dos sete pecados capitais.

GAROTA – Eu sei disso, padre. Mas, acredite em mim, eu sou uma moça humilde e boa. Juro por Nossa Senhora que não é no amor de Ferruccio que estou interessada, mas na vida dele. *(O Frade, assustado, volta-se imponente para ela)* Não fique zangado comigo, querido padre, não me mande embora, por favor. Mas o que uma pobre garota como eu pode fazer? Nós somos muito pobres. E não sou eu quem vai matá-lo. Eu apenas preciso atraí-lo para cá; porque todo mundo sabe que ele tem um fraco por mulheres; e quando ele estiver na estalagem, meu pai se encarregará do resto.

FRADE – *(com uma voz potente de barítono)* Ah, ele se encarregará, é? Por mil trovões e relâmpagos, pelo dilúvio e todos os santos! É ele quem vai se encarregar? *(Ele retira a batina e a barba, revelando-se um jovem bonito que, vestido como um nobre, levanta-se impetuosamente e precipita-se para a porta da estalagem, contra a qual começa a bater com uma pedra)* Ei, você aí, Squarcio, seu covarde, assassino, filho de uma égua. Venha até aqui que eu vou quebrar todos os ossos dessa sua carcaça imunda.

GAROTA – Você é jovem!

FRADE – Outro milagre de Santa Bárbara. *(Dando chutes na porta)* Venha até aqui, seu miserável. Rato. Você vai ver como um homem vira geleia depois de tanta pancada. Venha, cachorro, porco... seu velhaco piolhento, seu... *(Squarcio sai com uma espada na mão)* Você sabe quem eu sou, seu cachorro nojento?

SQUARCIO – *(impressionado)* Não, Excelência.

FRADE – Eu sou Ferruccio. Conde Ferruccio. O homem que você quer matar, o homem que esta sua filha endemoniada deve atrair para cá, o homem que agora vai cortá-lo em quatrocentos mil pedaços e atirá-lo dentro do lago.

SQUARCIO – Mantenha a calma, Senhor Conde.

FERRUCCIO – Eu não vou manter a calma. Sou extremamente desequilibrado. Tenho dores de cabeça horríveis que racham os meus miolos se eu não perder a calma e cometer algum ato de violência. Vou cometer um agora mesmo fazendo você virar geleia, seu assassino repugnante.

SQUARCIO – *(dando de ombros)* Como preferir, Senhor Conde. Posso muito bem ganhar o meu dinheiro agora como em outro momento qualquer. *(Ele maneja a espada)*.

FERRUCCIO – Seu grande asno! Você acha que eu me arriscaria por esta região sem tomar as devidas precauções? O meu pai fez uma aposta envolvendo a minha pessoa com o suserano a quem você presta vassalagem.

SQUARCIO – Que aposta? Poderia Vossa Excelência me dizer?

FERRUCCIO – Que aposta, seu cabeça de bagre! Se eu for assassinado, o assassino não será levado a julgamento.

SQUARCIO – Quer dizer então que se eu o matar...

FERRUCCIO – O seu Barão vai perder dez coroas, a menos que você seja triturado na roda de torturas por causa disso.

SQUARCIO – Só dez coroas, Excelência! O seu pai não dá mesmo muito valor à vida do filho.

FERRUCCIO – Idiota. Será que você não entende? Se a soma fosse mais alta, o próprio Barão me mataria, ficaria com o dinheiro e trituraria outra pessoa na roda por causa disso; você, provavelmente. Dez coroas são suficientes para fazer com que ele o triture na roda, caso você me mate, mas não são suficientes para pagar todas as missas que teriam que ser rezadas para ele, se ele realmente fosse o culpado.

SQUARCIO – Muito esperto, Excelência. *(Embainhando a espada)* Nesse caso, você não será assassinado. Vou cuidar para que isso não aconteça. E se algo suceder será por mero acidente.

FERRUCCIO – Pelo corpo de Baco! Tinha me esquecido desse estratagema. Deveria tê-lo matado quando meu sangue ainda estava quente.

SQUARCIO – Vossa Excelência não gostaria de entrar? Meu melhor quarto e minha melhor comida estão à sua disposição.

FERRUCCIO – Vá para o diabo, seu vira-lata sarnento! Você quer é contar para todos os viajantes que o Conde Ferruccio dormiu na melhor cama desta espelunca e foi devorado por um exército de pulgas. Saia já da minha frente e me diga onde fica a estalagem mais próxima daqui.

SQUARCIO – Desculpe-me desapontá-lo, Excelência, mas eu não me esqueci da aposta de seu pai; e enquanto permanecer pelas imediações, vou grudar em você como se fosse a sua sombra.

FERRUCCIO – E posso saber por quê?

SQUARCIO – Outra pessoa pode matá-lo e, como você mesmo disse, o meu ilustre Barão pode me triturar na roda para ganhar as dez coroas oferecidas pelo pai de Vossa Senhoria. Então, tenho que proteger sua pessoa, quer você queira ou não.

FERRUCCIO – Você não ouse tirar-me do sério, ou eu trituro os seus ossos de um jeito tal, que não vai sobrar nada para o carrasco fazer depois. O que você me diz disso?

SQUARCIO – Digo que Vossa Excelência está superestimando a sua força. Você não teria maiores chances comigo do que um gafanhoto. *(Ferruccio faz uma demonstração)* Oh, eu sei que Vossa Excelência foi instruído pelos melhores esgrimistas, lutadores e outros do gênero; mas eu posso revidar qualquer um dos seus golpes sem mover um fio de cabelo sequer e terminar a questão quando você já estiver completamente sem fôlego. Essa é a razão pela qual os homens comuns são perigosos, Excelência. Eles estão acostumados ao trabalho duro e a sofrer com paciência. Além do mais, eu conheço todos os estratagemas.

GAROTA – Não tente brigar com meu pai, Senhor Conde. É exatamente como ele diz. A profissão dele é matar. Então o que o senhor pode fazer contra ele?

Se quiser bater em alguém, é melhor que bata em mim. *(Ela entra na estalagem)*

SQUARCIO – Eu o aconselho a não tentar fazer isso, Excelência. Ela também é muito forte.

FERRUCCIO – Então eu vou ter uma dor de cabeça, e pronto. *(Ele atira-se mal-humorado em um banco que se encontra junto a uma mesa do lado de fora da estalagem. Giulia retorna com uma toalha e começa a preparar a mesa para uma refeição)*

SQUARCIO – Uma boa refeição, Excelência, vai evitar que isso aconteça. E, depois, Giulia irá cantar para você.

FERRUCCIO – Não enquanto existir um cabo de vassoura dentro desta casa com que eu possa quebrar a cabeça horrorosa que ela tem. Você acha que eu vou ouvir os ganidos dessa cadela que queria que eu a absolvesse para que alguém pudesse me matar?

SQUARCIO – Os pobres precisam viver tanto quanto os ricos, senhor. A Giulia é uma boa moça. *(Ele entra na estalagem)*

FERRUCCIO – *(gritando para ele)* E os ricos devem morrer para que os pobres possam viver?

GIULIA – São os pobres que geralmente morrem para que os ricos vivam.

FERRUCCIO – E que grande honra para eles! Mas não haveria honra nenhuma para mim, morrer simplesmente para que você pudesse se casar com um pescador estúpido.

GIULIA – Você está sendo maldoso, Senhor.

FERRUCCIO – Eu não sou um trovador, minha cara Giuliazinha, se é isso o que você quer dizer.

GIULIA – Como é que você sabia sobre o meu Sandro e a mãe dele? Como conseguiu ser tão sábio quando estava disfarçado de frade e agora no papel de você mesmo se comporta como um imbecil?

FERRUCCIO – Contei com o fato de que Santa Bárbara me inspiraria ou de que você seria uma grande estúpida.

GIULIA – Santa Bárbara certamente irá puni-lo por contar uma mentira tão medonha como a que você contou sobre a mão dela.

FERRUCCIO – A mão que a deixou toda arrepiada?

GIULIA – Que blasfêmia! O senhor não devia ter feito aquilo. Primeiro me faz sentir como se eu estivesse no céu; depois o envenena em meu coração e me faz sentir como se eu estivesse no inferno. Foi muito perverso e cruel da sua parte. Vocês nobres são muito cruéis.

FERRUCCIO – Pois, muito bem! Você queria por acaso que cuidássemos dos seus filhos no seu lugar? O nosso trabalho é governar e lutar. Governar não significa nada além de infligir crueldades sobre os transgressores e lutar não é nada mais do que ser cruel com os inimigos de alguém. Vocês, os pobres, deixam todo o trabalho sujo para fazermos e ainda se perguntam por que é que somos tão cruéis. Onde você estaria se deixássemos de fazer o nosso trabalho?

À parte a vida que levo do meu jeito particular – uma vida de reflexões e poesia – eu só conheço dois prazeres: a crueldade e a luxúria. Tenho desejos de vingança. Tenho desejos pelas mulheres. E ambos me decepcionam quando consigo satisfazê-los.

GIULIA – Eu acho que seria uma coisa muito boa se alguém já o tivesse matado.

FERRUCCIO – A arte de matar sempre pode ser um esporte, minha cara Giuliazinha.

VOZ DE SANDRO – *(vinda do lago)* Giulietta! Giulietta!

FERRUCCIO – *(falando em direção a voz)* Pare com essa gritaria. A sua Giulietta está aqui na companhia de um jovem nobre. Venha para cá você também e veja se consegue me divertir um pouco. *(Para Giulietta)* O que você me daria se eu o convencesse a desafiar a mãe e a se casar com você sem a necessidade de um dote?

GIULIA – Não adianta me tentar. Uma pobre garota não pode dar mais do que ela tem. Eu deveria pensar que você é o próprio demônio se já não fosse um nobre, o que é ainda pior. *(Ela sai para se encontrar com Sandro).*

FERRUCCIO – *(dirigindo-se a ela)* O demônio faz o mal por puro prazer. E não cobra nada por isso. Ele apenas o oferece. *(Squarcio retorna)* Prepare uma ceia para quatro, seu bandido.

SQUARCIO – O seu apetite é assim tão grande com todo este calor, Excelência?

FERRUCCIO – Seremos quatro para comer. Você, eu, sua filha e Sandro. Não fuja de suas obrigações. Eu pago por tudo. Vamos, vá e prepare um pouco mais de comida.
SQUARCIO – Seu desejo já foi atendido, Senhor.
FERRUCCIO – Como?
SQUARCIO – Eu preparei uma ceia para quatro, já que tínhamos Vossa Senhoria para pagar. A única diferença que a sua presença faz aqui hoje é que teremos a honra de comer com você em vez de comermos depois de você.
FERRUCCIO – Seu cachorro ordinário. Você deveria ter nascido nobre.
SQUARCIO – Eu nasci nobre; mas como não tínhamos dinheiro para manter as minhas ambições, eu as abandonei. *(Ele volta a entrar na estalagem).*

Giulia retorna com Sandro.

GIULIA – Este é o rapaz, Excelência. Sandro, este é o fidalgo de que falei: Conde Ferruccio.
SANDRO – Aos serviços de Vossa Fidalguia.
FERRUCCIO – Sente-se Sandro. Você, Giulia e Squarcio são meus convidados. *(Eles se sentam).*
GIULIA – Eu já contei tudo ao Sandro, Excelência.
FERRUCCIO – Ah, é? E o que ele tem a dizer sobre isso? *(Squarcio retorna com uma bandeja).*
GIULIA – Ele diz que se o senhor tiver dez coroas no bolso e nós o matarmos, podemos entregá-las ao Barão. Para ele tanto faz se ganhar o dinheiro

do Barão como se fosse do ilustríssimo pai de Vossa Senhoria.

SQUARCIO – Seu estúpido. O Conde é muito mais esperto do que você pensa. Não importa quanto dinheiro você dê ao Barão; ele sempre vai dar um jeito de ganhar mais dez coroas me triturando na roda, caso o Conde seja realmente assassinado.

GIULIA – É verdade. O Sandro não havia pensado nisso.

SANDRO – *(com uma cortesia alegre)* Oh, que cabeça a minha! Eu não sou muito inteligente, Excelência. Mas o senhor precisa saber que eu não queria que a minha Giulietta tivesse lhe contado coisa alguma. Eu sei quais são as minhas obrigações para com Vossa Senhoria.

FERRUCCIO – Ora, vamos! Vocês são pessoas adoráveis, muito encantadoras. Agora vamos nos ocupar com a ceia. Faça o papel de mãe desta família, Giulietta, e sirva-nos a todos. *(Eles apanham os pratos)* Muito bem. Sirva-me por último, Giulietta. Sandro está faminto.

SQUARCIO – *(para Giulia)* Ora essa! Você não vê que Sua Excelência não tocará em nada antes que tenhamos comido alguma coisa primeiro!? *(Ele come)* Veja Excelência! Já provei um pouco de tudo! E para falar a verdade, envenenamento é uma arte que eu não consigo entender.

FERRUCCIO – Mesmo os envenenadores de mais alto nível não conseguem, Squarcio. Um dos melhores

profissionais de Roma uma vez envenenou os meus tios. Eles ainda estão vivos. O veneno curou a gota do meu tio e só conseguiu fazer com que minha tia ficasse mais magra, que era exatamente o que ela queria havia anos, pobre coitada... Se você visse no que o corpo dela estava se transformando...
SQUARCIO – Não existe nada comparado à espada, Excelência.
SANDRO – Exceto a água, Pai Squarcio. Eu sou um pescador e sei o que estou dizendo. Ninguém jamais poderá dizer que um afogamento não foi um acidente.
FERRUCCIO – E o que você me diz de tudo isso, Giulietta?
GIULIA – Eu não mataria um homem que eu odiasse. Como poderia continuar a atormentá-lo depois de morto? Os homens matam em nome de uma coisa que chamam de satisfação. Mas matar não é nada mais do que um capricho apenas.
FERRUCCIO – E se você o amasse? Então mataria esse homem?
GIULIA – Talvez. Se você ama um homem, torna-se escravo dele. Tudo que ele diz, tudo que ele faz é como uma facada no coração. Cada dia que passa, o pavor de perdê-lo aumenta mais e mais e então é melhor matá-lo se não houver outra saída.
FERRUCCIO – Como você educou bem a sua família, Squarcio! Quer mais omelete, Sandro?
SANDRO – *(extremamente alegre)* Muito obrigado, Sua

Excelência. *(Ele aceita e come com grande apetite).*
FERRUCCIO – Um brinde para todos. À espada e à rede do pescador; ao amor e ao ódio! *(Ele bebe. Os outros fazem o mesmo).*
SQUARCIO – À espada!
SANDRO – À rede, Excelência, com meus agradecimentos por essa honra.
GIULIA – Ao amor.
FERRUCCIO – Ao ódio, a parcela do nobre!
SQUARCIO – Esta refeição fez muito bem a Vossa Excelência. Como se sente agora?
FERRUCCIO – Sinto que não existe nada a não ser uma isca de dez coroas entre mim e a morte, Squarcio.
SQUARCIO – Já é o suficiente, Excelência. E o suficiente é sempre o suficiente.
SANDRO – Nem pense nisso, Senhor. É que somos gente pobre e temos que arranjar um jeito de fazer o dinheiro render, como se diz... *(olhando para o prato)* Excelência...?
FERRUCCIO – Já terminei, Sandro. Estou satisfeito.
SANDRO – Pai Squarcio.
SQUARCIO – Já terminei, já terminei.
SANDRO – Giulietta?
GIULIA – *(surpresa)* Eu? Ah, não. Pode terminar com isso, Sandro. O que o senhor não comer vai direto para o porco.
SANDRO – Então, com a permissão de Sua Senhoria... *(Ele serve-se)*

SQUARCIO – Cante para Sua Excelência, minha filha.
Giulia se dirige para a porta com a intenção de ir buscar sua mandolina.
FERRUCCIO – Vou me atirar dentro do lago Squarcio, se essa gata começar a miar.
SANDRO – *(sempre alegre e tranquilizador)* Não, não Excelência. Não precisa ter medo. Giulietta canta muito docemente.
FERRUCCIO – Não tenho o menor interesse por cantorias; ainda menos por cantorias de camponeses. Só existe uma coisa para a qual uma mulher pode ser tão boa quanto qualquer outra, e esta coisa é fornicar. Vamos, Pai Squarcio, quero comprar a Giulietta. Você pode tê-la de volta a troco de nada depois que eu me cansar dela. Faça seu preço.
SQUARCIO – Em dinheiro vivo ou em promessas?
FERRUCCIO – Sua raposa velha. Em dinheiro vivo.
SQUARCIO – Cinquenta coroas, Excelência.
FERRUCCIO – Cinquenta coroas! Cinquenta coroas por essa diaba de cara preta! Eu não daria cinquenta coroas mas nem pelas damas de companhia da minha mãe. Naturalmente, você está querendo dizer cinquenta centavos.
SQUARCIO – Não resta dúvida de que Vossa Excelência, sendo o filho mais novo, é um homem pobre. Vamos falar então em vinte e cinco coroas?
FERRUCCIO – Eu já lhe disse que ela não vale nem cinco.

SQUARCIO – Oh, se Vossa Excelência entrar agora no mérito de quanto ela vale, serei forçado a perguntar: E quanto vale qualquer um de nós? Eu pensei que você fosse um cavalheiro e não um comerciante.

GIULIA – E qual é o seu valor, Excelência?

FERRUCCIO – Estou acostumado a que me peçam favores, minha cara Giuliazinha, e não a responder perguntas impertinentes.

GIULIA – O que o senhor faria se um homem forte lhe agarrasse o pescoço por trás, ou se a filha dele lhe enfiasse uma faca na garganta?

FERRUCCIO – Muitos anos teriam que se passar, minha gentil Giuliazinha, antes que qualquer homem ou mulher do povo ousasse ameaçar um nobre novamente. A aldeia inteira seria esfolada viva.

SANDRO – Oh não, Senhor. Essas coisas geralmente acabam se parecendo com acidentes. E as famílias poderosas ficam muito contentes que as coisas sejam assim. Dá muito trabalho esfolar uma aldeia inteira viva. Aqui, perto da água, acidentes são muito comuns.

SQUARCIO – Nós da nobreza, Senhor, não somos suficientemente rigorosos. Aprendi isso quando criava cavalos. Nem todos os cavalos nascidos de puros-sangues merecem atenção especial; a grande maioria deles não vale nada. O criador se livra das porcarias fazendo com que tenham alguma utilidade. Ele os envia para o trabalho pesado como qualquer outra besta de carga de algum camponês. Mas a nossa nobreza não avalia seus interesses assim de forma tão meticulosa. Se você não vale nada, mas nasce como o filho de um barão, vai ser criado para pensar em si mesmo como um pequeno deus, ainda que não seja nada e não consiga sequer governar-se a si próprio, quanto mais uma província. E então vai ficar aí supondo, supondo e supondo...

GIULIA – E nos insultando, nos insultando e nos insultando.

SQUARCIO – Até que vai chegar o dia em que você vai se encontrar em um lugar estranho e não vai ter nada com que possa contar a não ser com a ajuda de suas próprias mãos e de sua presença de espírito.

GIULIA – E então você morre...

SANDRO – Acidentalmente...

GIULIA – E a sua alma, aos gritos, vai até o pai pedir vingança...

SQUARCIO – Se de fato, minha filha, existir alguma alma nesse corpo depois que ele for assassinado.

FERRUCCIO – *(apressando-se em se mostrar irritado)* Seu cachorro, bandido ordinário. Como se atreve a duvidar da existência de Deus e da alma?

SQUARCIO – Eu acho Excelência que a alma é um presente tão precioso que Deus não a daria para um homem a troco de nada. O homem deve fazer por merecê-la. Deve ser ou fazer alguma coisa. Eu não gostaria de matar um homem que tivesse a alma boa. Eu tive um cachorro que, estou convencido disso, conseguiu fazer algo como uma alma para si; e se alguém tivesse matado aquele cachorro, eu teria transformado esse alguém em picadinho de carne. Agora me mostre um homem sem alma, um que nunca tenha feito nada ou não tenha sido alguma coisa e eu o matarei por dez coroas com o mesmo remorso que eu teria para enfiar a faca no coração de um porco.

SANDRO – A menos que ele seja um nobre, naturalmente...

SQUARCIO – Nesse caso, o preço aumentaria para cinquenta coroas.

FERRUCCIO – Com alma ou sem alma?

SQUARCIO – Quando a conversa chega a cinquenta coroas, Excelência, negócio é negócio. Aquele que me contrata que acerte as contas depois com o demônio. O mandante do crime que avalie se o serviço foi bom ou ruim; eu só estou ganhando o meu dinheiro honestamente. Quando eu disse que não gostaria de matar um homem de alma boa, estava querendo dizer matar por conta própria e não profissionalmente.

FERRUCCIO – E você é tão estúpido assim para estragar seu próprio negócio, matando as pessoas, às vezes, a troco de nada?

SQUARCIO – As pessoas matam as cobras a troco de nada, Excelência, e, às vezes, matam cachorros também.

SANDRO – *(desculpando-se)* Só os cachorros loucos, naturalmente.

SQUARCIO – Os cachorros de estimação também.

Aqueles que só vivem comendo e não têm utilidade para coisa alguma; e ainda por cima emporcalham a casa de homens de bem. (*Ele levanta-se*) Venha, Sandro, ajude-me a limpar isto aqui. E você, Giulia, trate de divertir Sua Excelência.

Squarcio e Sandro fazem uma trouxa com a toalha, colocam os pratos de madeira e os restos da ceia dentro dela e a carregam para dentro. Ferruccio e Giulia ficam a sós. A noite se adensa.

FERRUCCIO – Então, é o seu pai quem toma conta da casa enquanto você, uma mulher forte, fica aqui à toa, sem fazer nada? Squarcio é mesmo um idiota.

GIULIA – Não, Senhor. Ele me deixou aqui para que eu o impeça de fugir.

FERRUCCIO – Vocês não têm nada a lucrar com a minha morte, cara Giuliazinha.

GIULIA – Talvez não. Mas eu ainda não sei. Eu vi o Sandro fazendo um sinal para o meu pai. Foi por isso que eles saíram. Sandro tem alguma coisa na cabeça.

FERRUCCIO – *(cruelmente)* Piolhos, sem dúvida.

GIULIA – *(sem se deixar abalar)* Isso só faria com que ele a coçasse, Senhor, e não que a usasse para enviar sinais ao meu pai. Você fez a coisa errada ao atirar o Cardeal pela janela.

FERRUCCIO – Ah, é? E posso saber por quê?

GIULIA – Ele vai pagar trinta coroas pelo seu cadáver. Então o Sandro poderá casar-se comigo.

FERRUCCIO – E ser triturado na roda por causa disso.
GIULIA – Tudo vai parecer acidente, Senhor. Sandro é muito esperto; e ele é tão humilde, tão alegre e bondoso que as pessoas não suspeitam dele como suspeitam do meu pai.
FERRUCCIO – Escute aqui, Giulietta. Se eu chegar são e salvo a Sacromonte, prometo que dentro de dez dias lhe envio trinta coroas por um mensageiro de confiança. E então você pode se casar com o seu Sandro. O que você me diz?
GIULIA – A sua promessa não vale nem vinte centavos, Senhor.
FERRUCCIO – E você acha que eu vou morrer aqui como um rato em uma ratoeira... *(falta-lhe ar para continuar).*
GIULIA – Os ratos devem esperar pela morte em suas ratoeiras. Por que deveria ser diferente com você?
FERRUCCIO – Eu vou me defender.
GIULIA – Fique à vontade. O sangue jorra com mais facilidade quando está quente.
FERRUCCIO – Sua diaba! Escute aqui, Giulietta...
GIULIA – Não adianta, Senhor. Giuliazinha ou Giulietta, não faz a menor diferença. Se os dois lá dentro o matarem, isso para mim não tem mais importância do que se o meu pai estivesse esmagando uma lesma. Exceto pelo dinheiro.
FERRUCCIO – Não é possível que eu, um nobre, tenha que morrer em mãos tão imundas.
GIULIA – É por intermédio delas que o senhor tem vi-

vido. Não vejo nenhum sinal de que algum trabalho tenha sido feito com o auxílio das mãos de Vossa Excelência. Nós, os pobres, tanto podemos dar quanto tirar a vida.

FERRUCCIO – Santa mãe de Deus, o que devo fazer?

GIULIA – Rezar.

FERRUCCIO – Rezar! Com o gosto da morte na minha boca? Não consigo pensar em nada.

GIULIA – É só porque o senhor se esqueceu do seu rosário. *(Ela apanha o rosário do Frade)* O senhor deve se lembrar dos ossos daquele velho chacoalhando. Aqui estão eles. *(Ela chacoalha as contas do rosário diante dele).*

FERRUCCIO – Isso me faz lembrar de uma coisa. Eu conheço um pintor no Norte que pinta retratos de santos tão lindos que o coração de uma pessoa é capaz de sair voando pela boca quando olha para eles. Se eu sair vivo dessa, juro que vou mandar pintar o retrato de Santa Bárbara de um jeito tal que todo mundo possa ver que ela é infinitamente mais bonita do que Santa Cecília que, aliás, na pintura que fica na capela de nossa catedral, se parece muito com a lavadeira da minha mãe. Você poderia oferecer um retrato a Santa Cecília caso ela realmente permita que eu seja assassinado?

GIULIA – Não, mas posso oferecer muitas orações a ela.

FERRUCCIO – Orações não valem nada! Ela certamente vai preferir a pintura, a menos que seja muito mais imbecil do que eu já acho que ela é.

GIULIA – Ela vai agradecer ao pintor, e não ao senhor. E eu vou pedir a ela em minhas orações para que apareça para ele em uma visão e lhe diga para que a pinte exatamente do jeito que a vê, se é que ela, de fato, deseja ser pintada.

FERRUCCIO – Você é diabólica, menina; tem sempre uma resposta afiada na língua. Mas me diga uma coisa. É verdade mesmo o que o seu pai me disse? Que o sangue dele é realmente nobre?

GIULIA – É vermelho, Senhor, como o sangue de Cristo pregado na cruz lá na igreja. Eu não sei se o seu é de outra cor. Terei a chance de verificar quando meu pai o matar.

FERRUCCIO – Você sabe no que eu estou pensando, Giulietta?

GIULIA – Não, Senhor.

FERRUCCIO – Estou pensando que se Deus fosse bom o bastante comigo a ponto de me conceder a graça de levar o idiota do meu irmão mais velho para o céu, e junto com ele a boneca ainda mais idiota que ele escolheu para esposa, antes que ela possa lhe dar um filho, você daria uma duquesa perfeita para mim. Vamos! Você me ajudaria a enganar o seu pai e o Sandro, caso eu me casasse com você logo em seguida?

GIULIA – Não, Senhor. Eu vou ajudá-los a matá-lo.

FERRUCCIO – Então estou contra a parede?

GIULIA – Na beira do abismo, mais provável.

FERRUCCIO – Não importa, já que estou correndo risco de vida. Você percebeu, Giulia, ainda há pouco? Eu estava apavorado.

GIULIA – Sim, Senhor. Eu vi o pavor no seu rosto.

FERRUCCIO – O terror dos terrores.

GIULIA – O terror da morte.

FERRUCCIO – Não, a morte não é nada. Posso enfrentar a lâmina de uma faca do mesmo jeito que enfrentei o boticão do dentista quando ele me extraiu um dente em Faenza.

GIULIA – *(estremecendo com uma compaixão sincera)* Oh, pobre Senhor. Deve ter sido uma dor insuportável.

FERRUCCIO – O quê! Você fica com pena de mim por causa de um dente e não sente nada diante da minha agonia tenebrosa em face ao terror, que não é o terror da morte, nem de qualquer coisa assim, mas é pura e simplesmente o terror implacável em si mesmo!

GIULIA – Foi o terror da morte que o senhor sentiu. E eu não tenho pena da sua alma; ela é perversa. Mas os dentes de Vossa Excelência são muito bonitos.

FERRUCCIO – A dor de dente durou uma semana; mas a agonia da minha alma foi tão pavorosa que durou apenas cinco minutos. Eu poderia ter morrido por causa disso, se essa agonia me dominasse. Felizmente, você me ajudou a acabar com ela.

GIULIA – Eu, Senhor!

FERRUCCIO – Sim. Se você tivesse pena de mim; se fosse menos implacável do que a própria morte, eu teria um colapso nervoso, teria chorado e implorado por misericórdia. Mas agora me deparei com algo extremamente penoso e real; algo que não se importa comigo. Vejo agora a verdade nas palavras do meu tio extraordinário, que sempre disse que eu era uma criança mimada. Quando eu queria alguma coisa, ameaçava os homens ou corria chorando para as mulheres e todos me davam o que quer que fosse. Eu vivia em um mundo de sonhos; nas páginas de um romance, imaginando as coisas como eu queria que elas fossem e não como realmente eram. Um padre uma vez me disse: "Nos seus instantes finais, você vai se esquecer de tudo, menos da sua religião". Estou passando pelos meus instantes finais e a primeira coisa de que me esqueci foi exatamente da minha religião. Quando por fim fui forçado a acreditar na morte terrível, finalmente entendi o que significa ter fé e que eu verdadeiramente nunca acreditei em nada na vida até agora; eu tenho apenas me divertido com histórias bonitas e me escondido atrás de bobagens, como um soldado que, para se proteger das flechas, se esconde atrás de uma moita de cardo, mas não percebe que ela só consegue escondê-lo da vista dos atiradores. Quando acredito em alguma coisa que seja real, como estou acreditando na morte neste momento, então posso finalmente dizer que sou um homem. Eu bebi a água da vida no copo da morte; e é provável então que só agora eu possa começar uma vida de verdade com isso *(ele ergue o rosário)* e acabar com a tríplice coroa ou com o fogo dos hereges. *(Levantando-se)* Venha para fora, seu cachorro; bandido

ordinário! Venha lutar com um homem que encontrou a alma. *(Squarcio surge na porta empunhando a espada. Com um salto, Ferruccio aproxima-se dele e enfia-lhe uma adaga no peito. Squarcio apoia o pé esquerdo um pouco mais atrás para poder suportar o golpe. A adaga se parte como se tivesse atingido uma parede de pedra).*
GIULIA – Rápido, Sandro.

Sandro que surgiu furtivamente em uma das laterais da estalagem, atira uma rede de pesca sobre Ferruccio e a fecha de forma apertada em torno dele.
SQUARCIO – Sua Excelência queira desculpar a minha camisa feita com a bolsa postal. Mas foi um bom golpe caseiro, não há dúvida.
SANDRO – Sua Excelência queira desculpar a minha rede; está um pouco úmida.
FERRUCCIO – Pois, muito bem, o que vai ser agora? Afogamento acidental, eu imagino.
SANDRO – Ah não, Excelência, seria uma pena ter que devolver para a água um peixe tão bom como este, quando ele já se encontra preso na rede. Giulietta, segure isto aqui para mim.
GIULIA – *(segurando a rede nas mãos e a torcendo de modo que ela fique ainda mais apertada em volta de Ferruccio)* Tenho você bem preso agora, como um passarinho na gaiola.
FERRUCCIO – O meu corpo está preso, Giulia, mas a minha alma, não.
GIULIA – Ah, não? Eu acho que Santa Bárbara pren-

deu a sua alma em uma rede também. Ela transformou as suas gracinhas em algo muito sério.

SANDRO – É a mais pura verdade, senhor, que aqueles que estão sob a proteção de Deus ou dos Santos são sempre meio doidos; e então concluímos que matar um louco só poderia nos trazer má sorte. E pelo que o Pai Squarcio e eu conseguimos ouvir, ficou claro que Vossa Excelência, mesmo que em termos gerais seja um cavalheiro sábio e razoável, de algum modo possui um parafuso a menos quando o assunto é a alma e coisas assim; por isso resolvemos que nenhum mal será feito contra Vossa Senhoria.

FERRUCCIO – Como quiser. A minha vida é apenas uma gota que cai de uma nuvem desfalecida dentro do mar eterno, uma gota que cai do finito no infinito, e ela mesma é uma parte desse infinito.

SANDRO – *(impressionado)* Vossa Excelência fala como se fosse um livro maluco, mas muito sagrado. Deus não permita que levantemos a mão contra a sua pessoa! Mas o senhor compreende que uma boa ação como essa vai lhe custar trinta coroas.

FERRUCCIO – Tudo isso?

SANDRO – Naturalmente. Na verdade, essa quantia evita que tenhamos de pagar por algumas missas que, de outro modo, teriam que ser rezadas pelas almas de certas pessoas que... bem.... Isso não tem importância! Nós só achamos que é perigoso e inconveniente que um nobre como Vossa Senhoria viaje sem nenhuma retaguarda e desarmado; porque infelizmente a sua adaga se quebrou. Por isso se o senhor tiver a condescendência de aceitar o Pai Squarcio como protetor – o seu criado em tudo, menos no nome, para defender a sua nobreza – ele irá acompanhá-lo em todas as cidades para que Vossa Excelência se sinta em segurança contra as ameaças de Sua Eminência, o Cardeal; e fica por conta de sua generosidade decidir se uma atitude tão bondosa como essa não é merecedora de mais um presentinho sem muita importância... vamos dizer, uma lembrança de casamento para a minha Giulietta.

FERRUCCIO – Pois, muito bem! Então quer dizer que o homem que eu tentei matar, agora irá impedir que eu seja morto. Quem poderia imaginar que Santa Bárbara fosse assim tão cheia de ironias!

SANDRO – E se a proposta que Vossa Excelência fez a Giulietta não for um exagero e ainda estiver de pé...

FERRUCCIO – Seu velhaco! Então você não tem alma?

SANDRO – Eu sou um homem pobre, Excelência. Não posso me dar ao luxo de pagar por esses caprichos que só os ricos podem ter.

FERRUCCIO – Existe um pintor aí que eu conheço que muito em breve vai pintar um quadro magnífico de Santa Bárbara. Giulia poderá ser o modelo dele. Ele vai pagá-la muito bem por isso. Agora Giulia, liberte esse passarinho. Já está mais do que na hora de ele voltar a voar.

Ela retira a rede que se encontra em volta de Ferruccio.

QUATRO PEÇAS CURTAS foi composto com as tipografias
Filosofia e Sabon no Estúdio Entrelinha Design e impresso
no papel chamois fine 80g, pela Editora Musa, no Natal/Ano
Novo, 2009/2010, nas oficinas da Editora Parma.